TITAN
JEUNESSE

L'Araignée sauvage

Histoire d'horreur au cube

Du même auteur chez Québec Amérique

Jeunesse

Granulite, coll. Bilbo, 1992.

Guillaume, coll. Gulliver, 1995.

• MENTION SPÉCIALE PRIX SAINT-EXUPÉRY (FRANCE)

Le Match des étoiles, coll. Gulliver, 1996.

Kate, quelque part, coll. Titan+, 1998.

Lola superstar, coll. Bilbo, 2004.

SÉRIE KLONK

Klonk, coll. Bilbo, 1993.

• PRIX ALVINE-BÉLISLE

Lance et Klonk, coll. Bilbo, 1994.

Le Cercueil de Klonk, coll. Bilbo, 1995.

Un amour de Klonk, coll. Bilbo, 1995.

Le Cauchemar de Klonk, coll. Bilbo, 1997.

Klonk et le Beatle mouillé, coll. Bilbo, 1997.

Klonk et le treize noir, coll. Bilbo, 1999.

Klonk et la queue du Scorpion, coll. Bilbo, 2000.

Coca-Klonk, coll. Bilbo, 2001.

La Racine carrée de Klonk, coll. Bilbo, 2002.

Le Testament de Klonk, coll. Bilbo, 2003.

Klonk contre Klonk, coll. Bilbo, 2004.

SÉRIE SAUVAGE

La Piste sauvage, coll. Titan, 2002.

L'Araignée sauvage, coll. Titan, 2004.

Adultes

Les Black Stones vous reviendront dans quelques instants, coll. Littérature d'Amérique, 1991.

Ostende, coll. Littérature d'Amérique, 1994.
Coll. QA compact, 2002.

Miss Septembre, coll. Littérature d'Amérique, 1996.

Vingt et un tableaux (et quelques craies), coll. Littérature d'Amérique, 1998.

Fillion et frères, coll. Littérature d'Amérique, 2000.
Coll. QA compact, 2003.

Je ne comprends pas tout, coll. Littérature d'Amérique, 2002.

Adieu, Betty Crocker, coll. Littérature d'Amérique, 2003.

L'Araignée sauvage

Histoire d'horreur au cube

FRANÇOIS GRAVEL

QUÉBEC AMÉRIQUE Jeunesse

Données de catalogage avant publication (Canada)

Gravel, François
L'Araignée sauvage
(Titan Jeunesse; 55)
ISBN 2-7644-0329-1
I. Titre. II. Collection.
PS8563.R388A92 2004 jC843'.54 C2003-941968-1
PS9563.R388A92 2004

Conseil des Arts du Canada — Canada Council for the Arts

SODEC Québec

Nous reconnaissons l'aide financière du gouvernement du Canada par l'entremise du Programme d'aide au développement de l'industrie de l'édition (PADIÉ) pour nos activités d'édition.

Gouvernement du Québec – Programme de crédit d'impôt pour l'édition de livres – Gestion SODEC.

Les Éditions Québec Amérique bénéficient du programme de subvention globale du Conseil des Arts du Canada. Elles tiennent également à remercier la SODEC pour son appui financier.

Québec Amérique
329, rue de la Commune Ouest, 3e étage
Montréal (Québec) H2Y 2E1
Téléphone: (514) 499-3000, télécopieur: (514) 499-3010

Dépôt légal: 1er trimestre 2004
Bibliothèque nationale du Québec
Bibliothèque nationale du Canada

Révision linguistique: Michèle Marineau
Mise en pages: André Vallée
Réimpression: juin 2004

À mon vieil ami Bernard

Chapitre 1

Il est petit, gros, chauve et vieux, mais c'est le meilleur prof de français que j'aie eu de ma vie, sinon le meilleur prof tout court. Il s'appelle Vinet. Clément Vinet. On lui a confié au début de l'année une des pires classes de 5e secondaire de notre école, un ramassis de punks et de poqués de la pire espèce, sans compter un couple de gothiques qui se prennent pour des vampires. C'est le genre de groupe dont aucun professeur ne veut, à moins de tenir absolument à se taper un burnout, mais M. Vinet a réussi à nous mettre dans sa poche au tout premier cours comme si de rien n'était.

Il a ouvert son gros sac de cuir, il en a retiré une liasse de papiers jaunis, il s'est assis sur le coin du bureau et il nous a annoncé sur un ton solennel qu'il nous lirait de la Grande Poésie pour élever nos esprits. Il était sérieux ! De la poésie ! Avant même que nous ayons eu le temps de lui lancer nos premières boulettes de papier, il a entrepris sa lecture… et il s'est étouffé de rire avant même d'avoir fini la première ligne.

Nous nous regardions sans trop comprendre tandis qu'il reprenait son souffle, et il a fini par nous expliquer qu'il avait récemment retrouvé, dans une vieille boîte, les poèmes qu'il écrivait pour sa blonde quand il avait notre âge. La fille s'appelait Sylvie, il l'avait rencontrée dans un camp de vacances, et il lui écrivait chaque semaine des poèmes tous plus pourris les uns que les autres. Voulez-vous que je continue ma lecture ?

Nous, on a dit oui, évidemment, alors il a essayé de reprendre son sérieux pour nous lire quelques-uns de ses textes, et nous avons dû admettre qu'il avait raison : ils étaient tellement nuls que nous ne pouvions pas nous empêcher de rire, surtout qu'il les déclamait la main sur le cœur et des trémolos dans la voix, comme s'il s'agissait de grandes œuvres. Tout le monde riait aux larmes, même les deux gothiques, qui se forcent pourtant beaucoup pour avoir l'air bête.

Après le cinquième poème, ça commençait toutefois à être moins drôle. Yan en a profité pour demander à M. Vinet si sa poésie l'avait aidé à consommer son idylle avec sa douce jouvencelle (ce ne sont pas exactement les mots qu'il a employés, mais on se comprend).

— Hélas non ! a répondu M. Vinet. J'aimerais vous dire que Sylvie avait trop de goût pour se laisser séduire par des poèmes aussi minables, mais la vérité, c'est qu'elle est morte.

Il y a eu un grand silence dans la classe. M. Vinet a rangé ses feuilles dans son sac, tout en nous racontant d'une voix éteinte que sa Sylvie avait été tuée en traversant la rue, tout bêtement, frappée par un chauffard. Délit de fuite. Je pense que j'étais le plus sonné de tous les élèves : mon frère est mort dans les mêmes circonstances. Il se promenait tranquillement en vélo et il a été renversé par une auto. Le conducteur était tellement saoul qu'il ne s'est même pas arrêté. Quand les policiers sont allés le cueillir chez lui, le lendemain, il ne se souvenait plus de rien.

Mais revenons à M. Vinet : il a sorti de son sac un petit livre à couverture blanche, il l'a feuilleté sans dire un mot et il a fini par trouver la page qu'il cherchait. Il a toussoté pour s'éclaircir la voix, puis il nous a lu un poème. Un vrai poème. Il nous l'a lu le plus simplement possible, sans trémolos, sans pathos. Je ne me rappelle ni le titre du poème ni le nom de l'auteur, et je ne suis pas certain d'avoir vraiment compris ce qu'il voulait dire, mais je me souviens encore qu'il régnait dans notre classe un silence à couper au couteau. J'en avais des frissons.

Quand M. Vinet a rangé son livre dans son sac, il m'a semblé apercevoir une esquisse de sourire sur son visage, comme s'il voulait se féliciter lui-même de sa performance. Il y avait de quoi être fier, remarquez : amadouer une classe comme la nôtre en moins de dix minutes, c'est tout un exploit. N'empêche que ce sourire me tracassait. En y repensant, un peu plus tard, je me suis dit que notre professeur nous avait peut-être monté un bateau avec sa Sylvie : peut-être que la fille n'était pas morte, peut-être même qu'elle n'avait jamais existé, peut-être qu'il avait inventé toute cette histoire juste pour nous vendre sa salade. Je ne saurais sans doute jamais la vérité, mais ce n'était pas important. L'important, c'est qu'il avait réussi à piquer ma curiosité et que j'avais hâte d'entendre ce qu'il trouverait à nous dire pendant le reste de l'année. Je filais un mauvais coton, dans ce temps-là, et j'avais bien besoin de distraction.

▲ ▼ ▲

La poésie, c'est comme les guimauves grillées : trop, ça écœure. Consommer avec modération, devrait-on lire sur les couvertures des recueils, sans quoi on risque une sérieuse enflure de la tête. M. Vinet n'était pas fou, et il a vite compris qu'il ne fallait pas en abuser.

Au cours suivant, il s'est assis sur le coin du bureau, il a sorti de sa grosse serviette informe une liasse de feuilles jaunies, et il nous a demandé si nous voulions entendre des histoires de son auteur préféré, Steve Prince. Il a essayé de nous faire croire qu'il connaissait personnellement ce célèbre auteur de romans d'horreur, et que celui-ci lui demandait souvent de revoir les traductions françaises de ses œuvres. Il avait donc avec lui un manuscrit inédit de Steve Prince, dont il pourrait nous faire la lecture…

Il n'a pas eu besoin d'insister très longtemps : nous nous sommes installés aussi confortablement que possible sur nos chaises de plastique, Yan a éteint les lumières pour nous mettre dans l'ambiance, et M. Vinet a commencé à nous lire quelques pages d'une histoire qui se passait dans un *high school* d'une petite ville de Nouvelle-Angleterre. Jimmy, le concierge, avait l'étrange habitude d'attraper des chiens errants et de les dépecer dans le sous-sol de l'école. Il aimait l'odeur du sang et des tripes. Ça l'excitait. Il avait commencé avec des chats, poursuivi avec des chiens de plus en plus gros, et tout le monde se doutait qu'il n'en resterait pas là.

On adorait ce genre d'histoire. Le plus beau de l'affaire, c'est qu'on n'avait même pas besoin de lire : il suffisait de rester assis et d'écouter. Une demi-heure plus tard, à la fin du premier chapitre, et alors que l'action venait à peine de commencer, M. Vinet a rangé ses photocopies dans son sac, il a rallumé les lumières et il nous a demandé de travailler sur nos conjugaisons. Yan a été le premier à réagir :

— C'est pas juste, monsieur ! Vous ne pouvez pas nous forcer à travailler ! Nous sommes dans une école !

— … Et alors ?

— Dans une école, les élèves font semblant de travailler et les profs font semblant de se fâcher, c'est tout. Ils ne vous ont pas appris ça, à l'université ?

— Pas vraiment, non. Mais il faut dire qu'il y a longtemps que j'ai terminé mon cours. Dans mon temps…

— Vous devriez vous recycler, monsieur !

— Je te promets d'y penser. En attendant, je te propose un échange. Si tu apprends la conjugaison du verbe *surseoir* d'ici une demi-heure, je te lis le chapitre suivant. Le concierge passera bientôt aux sacrifices humains, et sa première victime sera le directeur de l'école… Mais j'en ai déjà trop dit…

— C'est pas juste, monsieur ! Vous faites du chantage !

— Oui. Et alors ?

Tout le monde aime bien Yan, notre champion toutes catégories pour faire perdre leur temps aux profs en leur posant des questions débiles. Quand il est en forme, il peut trouver des arguments pendant des heures, ce qui nous permet de ne pas travailler. Mais ce jour-là, personne ne voulait entrer dans son jeu.

— Ferme-la un peu, Yan, a dit Jérôme, un des deux gothiques. On va l'apprendre, son verbe, ce n'est quand même pas si compliqué...

Notre vampire préféré a aussitôt plongé le nez dans son Bescherelle, et tout le monde est resté figé. C'était la première fois qu'on l'entendait parler, et la première fois, surtout, qu'il avait l'air intéressé à quelque chose. Nous avons donc ouvert nos livres, mais avant même que nous ayons trouvé la bonne page, Jérôme refermait le sien et récitait par cœur le verbe surseoir au plus-que-parfait du subjonctif : *que j'eusse sursis, que tu eusses sursis, qu'il eût sursis, que nous eussions sursis, que vous eussiez sursis, qu'ils eussent sursis*. C'est correct, monsieur ?

— C'est parfait, a admis M. Vinet. Je suis très impressionné.

— Pas autant que moi, a répondu Jérôme. Et maintenant, on veut la suite de l'histoire. Chose promise, chose due. Éteins les lumières, Yan.

Double surprise : non seulement notre gothique était capable de parler, mais il agissait en leader. Yan a aussitôt couru vers les commutateurs, et le bonhomme

Vinet a été coincé. Il a ouvert son sac, il a feuilleté ses photocopies, puis il nous a lu le deuxième chapitre du manuscrit.

Nous voici dans la cave humide de notre *high school* de Nouvelle-Angleterre, la nuit vient tout juste de tomber, et Jimmy jette par terre le sac de hockey qu'il portait sur son épaule. Dans le sac, bien protégés dans des housses de plastique, se trouvent les cadavres encore chauds des deux chiens qu'il avait tués dans le premier chapitre. Il s'apprête à actionner la meule sur laquelle il aiguisera son couteau lorsqu'il entend le plancher craquer au-dessus de sa tête. C'est un craquement à peine perceptible, mais régulier, et qui s'amplifie... En prêtant l'oreille, le concierge réussit bientôt à distinguer deux voix : celle du directeur, dont le bureau se trouve au-dessus, et une voix féminine qui ressemble étrangement à celle de Patsy, une jeune professeure de mathématiques qui vient tout juste d'être engagée. Ces deux-là ont un rendez-vous secret, en conclut le concierge, un rendez-vous d'amoureux...

Tapi dans sa cave, osant à peine respirer, Jimmy a peur que le directeur descende et aperçoive les deux carcasses de chiens. Il congédierait Jimmy, c'est sûr, peut-être même qu'il appellerait les policiers, et les policiers jetteraient Jimmy en prison, où il ne pourrait plus disséquer que des rats... À moins... À moins de tuer le directeur, évidemment. Il suffirait d'enfoncer lentement la lame du couteau dans son cœur et de la tourner un petit peu, par simple cruauté... Du sang de chien ou du sang de directeur, ça doit se ressembler, après tout...

Plus il y pense, plus Jimmy se sent fiévreux, et bientôt des idées tordues commencent à se former dans son esprit retors : tuer le directeur, voilà ce qu'il faut faire, le tuer tout de suite, le prendre par surprise pendant qu'il fricote avec Patsy, et tuer Patsy par la même occasion, ensuite les dépecer tous les deux en petits morceaux, les brûler... Personne n'en saura jamais rien, et tout redeviendra comme avant.

Jimmy monte l'escalier sur la pointe des pieds. Il se sent dix fois plus excité que lorsqu'il doit tuer des chiens. Il adore cette sensation. Il a l'impression de sentir chaque cellule d'oxygène pénétrer dans ses poumons, se mêler à son sang et se répandre partout dans son organisme. Son sang, chargé d'adrénaline, goûte le fer. C'est du sang magique, qui décuple ses sensations et le rend maître absolu du temps : chaque seconde s'étire à l'infini, et il savoure chacune de ses perceptions. Ce n'est plus un concierge qui monte l'escalier, un simple concierge que tout le monde méprise, mais un tueur, un justicier, un fauve : Jimmy se sent fort et souple comme une panthère. Il s'approche à pas feutrés du bureau du directeur, entrouvre la porte…

— M. Vinet ? M. Vinet ? ?

Tout le monde a sursauté : c'était la voix de M. Patenaude, le directeur de l'école. Attention, je ne parle pas du directeur du *high school* de Nouvelle-Angleterre, mais du vrai directeur de notre vraie polyvalente en béton, notre vraie école dans la vraie vie, située en plein milieu de nulle part…

— Désolé de vous déranger, M. Vinet, mais j'aurais besoin de vous voir à mon bureau. Pourriez-vous venir me rencontrer à la fin de la période ?

— Certainement, a répondu M. Vinet.

Nous avons ensuite entendu le déclic indiquant que la communication était rompue, puis nous sommes restés un bon moment silencieux.

— ... Qu'est-ce qu'il veut, lui ? a fini par demander Yan.

— Je ne sais pas, a répondu M. Vinet. Des tracasseries administratives, comme d'habitude... Quoi qu'il en soit, voilà qui met fin d'une manière troublante à notre lecture. On dit souvent que la réalité dépasse la fiction, mais c'est bien plus étonnant quand elle vient s'en mêler... Bon, la cloche va sonner dans deux minutes, vous avez tout juste le temps de ramasser vos affaires. Rendez-vous lundi prochain. Si tout le monde est capable de conjuguer le verbe *surseoir* aussi bien que Jérôme, nous continuerons de lire les aventures de notre ami Jimmy. Je vous avertis tout de suite, l'hémoglobine va gicler dans le *high school*...

— Vous avez bien entendu, vous autres ? a dit Jérôme. Vous êtes mieux d'étudier !

— Calme-toi les canines, Dracula ! a répondu Yan. On va l'apprendre, ton verbe... Au fait, monsieur, ça veut dire quoi, *surseoir ?*

— Bonne question ! Tu en profiteras pour consulter ton dictionnaire, ça fera partie du test de lundi prochain.

▲ ▼ ▲

Tout le monde a appris la conjugaison du verbe *surseoir* à tous les modes et à tous les temps, en pure perte. Il n'y a pas eu de test le lundi suivant, et nous n'avons jamais su la fin de l'histoire.

Au lieu de M. Vinet, c'est M. Patenaude qui est entré dans la classe. Il nous a dit que M. Vinet avait contrevenu à plusieurs règlements de l'école en mettant à l'étude un auteur qui n'était pas agréé par le Ministère, et qui était notoirement connu pour faire l'apologie de la violence gratuite. En guise de mesure disciplinaire, le conseil d'établissement avait donc décidé de muter M. Vinet à une autre école. Un suppléant le remplacerait, et...

Je ne sais pas à quoi le directeur s'attendait, mais nous avons mal réagi. Très mal.

M. Patenaude a d'abord eu droit aux arguments de Yan, qui lui a fait valoir premièrement que M. Vinet était un excellent professeur, la preuve étant que tout le groupe connaissait par cœur la conjugaison du verbe *surseoir*, posez-nous des questions vous allez voir, et deuxièmement que Steve Prince était un excellent écrivain, la preuve c'est qu'on a tous envie de le lire, et troisièmement que M. Patenaude était mieux de réengager M. Vinet, sinon ça va aller mal.

M. Patenaude a répondu qu'il ne céderait certainement pas aux menaces, qu'il suspendait Yan de l'école pour deux semaines, et qu'il considérerait toute autre intervention impertinente comme un manquement grave à notre code de conduite.

— On s'en fout de votre code de conduite ! a répliqué Jérôme. D'abord, on ne l'a jamais signé, et de toute façon notre signature ne vaut rien vu qu'on est mineurs. On veut Vinet !

Jérôme a été suspendu pour deux semaines, lui aussi, et à une semaine supplémentaire pour avoir contrevenu au code vestimentaire en portant un capuchon en classe.

Maude la Mauve, la petite amie gothique de Jérôme, Maude la Mauve qu'on n'avait jamais entendue parler depuis le début de l'année et qui n'avait jamais rien fait d'autre que de se teindre les ongles en mauve foncé, s'est alors mise à murmurer tout bas, mais sur un ton de colère contenue : *je sursoyais, tu sursoyais, il sursoyait, nous sursoyions, vous sursoyiez, ils sursoyaient...*

Tout le monde a repris la conjugaison, en augmentant le volume à chaque nouveau temps : *j'eus sursis, tu eus sursis, il eut sursis, nous eûmes sursis...* Nous récitions tellement fort que les vitres en tremblaient. Jamais je n'aurais cru prendre autant de plaisir à conjuguer un verbe, surtout que le directeur s'est mis à trembler de rage et que de grandes taches de transpiration sont apparues sur les côtés de sa chemise. M. Patenaude était coincé : il n'allait quand même pas punir toute la classe sous prétexte que nous récitions un verbe…

Erreur : M. Patenaude nous a mis en retenue. Tout le groupe. Une heure par jour pendant dix jours, même les vendredis. Et s'il entendait une seule autre réplique, nous aurions droit à dix jours supplémentaires…

Nous avons fini par céder, mais ce n'était que la première bataille d'une longue guerre.

▲ ▼ ▲

Maude la Mauve a suggéré d'écrire une lettre au conseil de l'école pour réclamer le retour de notre professeur. Les garçons n'étaient pas chauds à cette idée, mais il est difficile de résister à une fille qui ne parle qu'une fois par année.

Nous avons donc rédigé une longue lettre dans laquelle nous expliquions que nous n'étions plus des enfants vu que nous avions seize ans, que c'était débile d'essayer de nous empêcher d'écouter des histoires d'horreur vu qu'on pouvait en voir de bien pires au cinéma, sans compter qu'à la télévision on voit souvent de vrais cadavres quand il y a des guerres, et des mutilations, et des enfants qui meurent de faim, et puis les auteurs qui écrivent des histoires d'horreur sont parfois de bons auteurs, et nous avons trouvé plein d'autres arguments, mais ça serait trop long de les énumérer tous.

Maude et son amie Catherine sont allées présenter la lettre à M. Patenaude. Comme elles ont été très polies, M. Patenaude a dit d'accord, je la lirai moi-même devant le conseil d'école. Les filles étaient tellement contentes qu'elles ont accepté sa proposition sans discuter, et sans s'apercevoir qu'elles s'étaient fait avoir.

M. Patenaude a lu notre lettre devant le conseil d'école sur un ton méprisant, en la tenant du bout des doigts comme s'il s'agissait d'un torchon immonde. Chaque fois qu'il décelait une faute d'orthographe ou de syntaxe, il interrompait sa lecture pour se moquer de nous. Il a conclu en soulignant que tout cela prouvait que nos mauvaises lectures nous avaient perfidement influencés, et il a enchaîné avec un long discours sur le rôle de l'étude des œuvres littéraires à l'école, qui était de nous inculquer des valeurs humanistes tout en nous initiant à la Beauté et en favorisant quelques douzaines de compétences transversales parmi lesquelles ne se trouvait certainement pas l'éloge de la violence bête et gratuite.

Je ne suis pas certain que sa syntaxe ait été meilleure que la nôtre, mais les parents n'ont pas semblé s'en apercevoir. Le conseil a refusé de nous entendre, il a appuyé le directeur à l'unanimité, puis il est passé au point suivant de l'ordre du jour, qui portait sur l'arrimage des objectifs de formation fondamentale dans la réforme pédagogique, ou quelque chose dans ce genre-là.

Nous avons ensuite trouvé d'autres moyens de manifester notre mécontentement : le suppléant de M. Vinet a fait un burnout, le remplaçant du suppléant aussi, et le troisième est sur le point de craquer. Ce n'est pas très difficile de se débarrasser d'un suppléant : il suffit de le regarder dans les yeux et de lui envoyer des doses massives de mépris. Quand tout le monde s'y met, ça finit par produire une matière gluante et nauséabonde dont il est impossible de se défaire. Aucun prof n'y résiste, surtout quand Maude et Jérôme sont assis au premier rang, et que Jérôme en rajoute en affichant son fameux rictus à la Jack Nicholson.

J'ai été solidaire de toutes ces actions, même si je n'y croyais pas vraiment : les élèves font de la résistance passive depuis des centaines d'années, mais l'école a toujours gagné, toujours.

Je préférais laisser aller mon imagination, et penser à ce que Jimmy aurait pu faire à M. Patenaude. Après avoir égorgé quelques chiens errants pour s'entraîner, il aurait dépecé M. Patenaude en prenant bien son temps, pour lui montrer ce que c'est que la vraie violence. D'abord, il l'aurait scalpé, puis il lui aurait coupé les orteils, phalange par phalange, puis les doigts, en mettant du sel sur la plaie entre chaque intervention, et peut-être aussi quelques gouttes d'acide sulfurique. Ensuite, il aurait coupé chacun de ses membres en petites tranches fines, tout en lui conservant des moignons, pour pouvoir l'écarteler. Après, il l'aurait décoré de quelques brûlures, il lui aurait entortillé les nerfs, il l'aurait électrocuté, flagellé, étouffé, gazé, il lui aurait arraché les dents une à une, puis il serait enfin passé aux vraies tortures... On dira ce qu'on voudra, c'est parfois agréable d'avoir de l'imagination.

Mais ça ne vaut pas l'action.

Tandis que mes amis s'acharnaient à faire de la résistance passive, j'ai décidé d'agir seul, et de manière plus radicale.

▲ ▼ ▲

Avant de se lancer dans la culture des pommes, mon père a été policier à la

Sûreté du Québec. Quand il a pris sa retraite, on lui a donné son revolver. Un Smith & Wesson calibre spécial 0,38. Un six coups avec un barillet, comme dans les films de cow-boys.

Parfois, l'été, il achète quelques boîtes de cartouches, et nous nous amusons à tirer sur des cibles de papier ou sur des boîtes de conserve vides que nous installons sur les piquets d'une clôture qui longe une butte de sable. L'endroit est sécuritaire, et mon père est un excellent professeur. C'est lui qui m'a appris la technique : on tend le bras, on vise d'abord en haut de la cible, puis on descend tranquillement, le doigt sur la détente, en respirant le plus lentement et le plus profondément possible. Ne pas précipiter le geste. Rester calme, et ne pas penser. Laisser les yeux travailler. La mire devient claire, et la cible est floue. Quand on est bien concentré et qu'on arrive à ne pas penser, tout ralentit, et on a l'impression d'être le maître du temps, comme Jimmy : le coup part tout seul, et on peut presque suivre la balle des yeux, la voir traverser la boîte de conserve, puis aller se perdre dans la butte de sable.

Quand mon frère est mort, on a passé des heures et des heures à tirer sur des boîtes de conserve, mon père et moi. On plaçait les cibles à dix mètres, et on tirait des centaines de balles, jusqu'à ce que le canon devienne brûlant. Ça sentait le soufre et le métal chauffé, j'avais de la poudre noire sur les doigts, j'avais mal aux oreilles et le poignet fatigué, mais j'adorais ça. Chaque fois que je voyais le feu sortir au bout du canon, j'avais l'impression de brûler un peu de ma colère.

Ça me permettait de me défouler, mais ça m'a aussi appris une importante leçon, mine de rien.

Il m'arrivait évidemment d'imaginer que j'avais retrouvé le chauffard qui a tué mon frère et que je l'avais enfin dans ma mire. Je me sentais chaque fois déborder de haine. Ces fois-là, quand je déchargeais mon arme, je ratais toujours ma cible. Pour bien tirer, il faut contrôler ses émotions, il faut rester froid. Il faut *devenir le revolver*, comme dit mon père, et un revolver n'a pas d'émotions. Ça peut sembler paradoxal, mais c'est en tirant des balles avec un Smith & Wesson que j'ai compris que la haine ne servait à rien.

Je n'ai jamais voulu tuer le directeur. Mon plan, c'était de le mettre en joue et de tirer une balle à blanc, pour lui montrer la différence entre la réalité et la fiction. La différence, c'est exactement ça : une vraie balle, ça tue ; une balle à blanc, non. Un enfant qui joue au cow-boy ne tire pas de vraies balles, et il le sait. Pareil pour les jeux vidéo, pareil pour les films d'action, pareil pour les romans d'horreur : c'est de la fiction, et la fiction n'a jamais tué personne. Tout le monde le sait, sauf les directeurs d'école et les psychologues. Vous n'avez jamais joué au cow-boy, monsieur le directeur ? Si vous avez oublié ce que signifie le verbe *jouer*, vous m'en apprendrez la conjugaison pour la semaine prochaine…

C'était peut-être une sale blague, mais ce n'était rien d'autre qu'une blague. Si j'avais su qu'elle tournerait si mal…

▲▼▲

Sept heures trente, lundi matin. Le coffret contenant le revolver est toujours à sa place, dans le garde-robe de mon père. Je l'ouvre, je prends le Smith & Wesson qui dormait dans son nid de velours, et je le soupèse un bon moment. Je suis chaque fois étonné qu'il soit si lourd. Je referme le barillet, je le fais tourner, tout va bien. Je fouille dans l'armoire, à la recherche de balles à blanc, mais je finis par me dire que je n'ai pas vraiment besoin de charger mon arme. La pointer sur le directeur devrait suffire, et puis ce sera moins dangereux... Pour mon projet pédagogique, un simple *clic* devrait suffire.

Je range mon arme dans mon sac à dos, j'enfourche mon vélo et je me rends directement à l'école. À huit heures pile, j'arrive dans le stationnement, qui est presque désert. Comme c'est une journée pédagogique, les professeurs se permettent d'arriver plus tard que d'habitude. Mais le directeur, lui, est déjà là : sa Volvo est stationnée dans son espace réservé.

L'école est déserte, et j'éprouve un étrange sentiment d'irréalité en y entrant par la porte principale. J'ai l'impression de jouer dans un film, et ce film tourne au ralenti. J'entends mes souliers couiner, je détecte l'odeur de vieux tabac du bureau du directeur bien avant d'y arriver... Je suis devenu le maître du temps, comme Jimmy, et c'est du sang magique qui coule maintenant dans mes veines, du sang chargé d'adrénaline.

Le directeur est là, derrière la porte. Je l'entends tourner des pages, je l'entends même respirer, je le sens à travers la porte, comme si j'étais un fauve... Je dépose mon sac à dos sur le plancher, j'en tire le bon vieux Smith & Wesson, et j'entre dans le bureau, le bras bien tendu devant moi.

Patenaude lâche son stylo, ses yeux s'écarquillent, il a peur, tellement peur qu'il me fait peur à moi aussi, et je comprends bien vite que j'ai été stupide, que personne ne mérite qu'on lui fasse une telle peur. Je devrais vite baisser mon bras et rassurer le directeur, mais j'ai tellement répété mon rôle que mon cerveau résiste. Je continue à pointer mon arme sur M. Patenaude, et je m'apprête à lui expliquer la différence entre la fiction et la réalité quand je le vois porter sa main droite à son épaule, puis sa main gauche. Il se penche sur le côté, ses yeux s'écarquillent, puis il s'affale complètement, comme une marionnette désarticulée. Sans le bras de son fauteuil, il serait tombé sur le sol, comme une masse inerte, mais le bras le retient, du moins pendant quelques secondes qui semblent durer une éternité. Il vacille, puis retombe lourdement sur son bureau.

Ce n'est pas moi qui ai fait ça, ça ne peut pas être moi, il n'y avait même pas de balles dans mon barillet, je n'ai même pas appuyé sur la détente, il n'y a pas eu le moindre clic, ce n'est qu'une blague, une mauvaise blague…

Je m'approche lentement et je prends le pouls du directeur : rien. M. Patenaude est mort.

Chapitre 2

— Ton histoire est prenante, me dit Roxanne, qui vient juste de terminer la lecture du premier chapitre. On a hâte de connaître la suite. Si ton personnage ne dit rien, personne ne saura jamais qu'il est coupable de la mort du directeur. Mais comment garder un tel secret ? Moi, j'en serais incapable... Comment s'appelle ton personnage, au fait ?

— Steve, comme d'habitude. Mais pourquoi dis-tu qu'il est coupable ? Le directeur est mort d'un infarctus. Ce n'est quand même pas la faute de Steve si M. Patenaude se bourrait de Big Macs et s'il fumait comme une cheminée...

— Steve n'est peut-être pas coupable, mais il est sûrement responsable de la mort du directeur, du moins en partie. Comment réagirais-tu, toi, si on pointait un fusil sur ton cœur ?

— ... Difficile à dire. J'imagine que personne ne peut prévoir comment il réagirait avant d'avoir à vivre une telle situation...

— Je ne savais pas que ton père avait déjà travaillé pour la Sûreté du Québec.

— Il n'a jamais été policier. Il a toujours eu son verger...

— ... Cette histoire de Smith & Wesson, tu l'as inventée ?

— Oui et non. Je connais un vrai policier, il s'appelle Nelson, c'est lui qui a enquêté quand mon frère est mort. Je lui ai posé quelques questions au téléphone pour avoir des détails, et j'ai inventé le reste.

— C'est réussi : on a vraiment l'impression que tu es né avec une arme dans les mains... Par contre, je n'aime pas tellement l'histoire de Jimmy. C'est trop sanglant à mon goût, trop morbide. Mais j'aime bien ton couple de gothiques. Il faudra changer les noms, évidemment : déjà que Jérôme se force pour avoir l'air bête, s'il faut en plus qu'il se sente persécuté...

— Il devrait quand même être content que je lui aie trouvé une petite amie. Maude est parfaite pour lui, tu ne penses pas ?

— Celle-là, c'est la meilleure ! Maude est la fille la plus drôle que je connaisse, toujours de bonne humeur... Tout le contraire d'une gothique ! Maude la Mauve ! Le nom va lui rester... Écrire une lettre au conseil d'école, par contre, c'est tout à fait son genre. J'ai bien envie de lui envoyer ton chapitre par Internet, juste pour rire. Elle sera sûrement ravie d'apprendre qu'elle est devenue la blonde de Jérôme ! Je ne peux pas imaginer un couple plus mal assorti que celui-là...

— D'accord, mais n'oublie pas d'inscrire la mention habituelle : *Ceci est une œuvre de pure fiction. Toute ressemblance avec des personnages existants serait purement fortuite...*

— Évidemment... Mais tu devrais quand même changer les noms de tes personnages. Ça devient mêlant !

▲▼▲

C'est toujours comme ça que ça se passe entre Roxanne et moi. Non seulement nous échangeons des courriels tous les jours, mais nous nous voyons aussi tous les samedis, la plupart du temps chez elle. Je lui fais lire un chapitre, et on en discute pendant des heures. Ensuite, elle me montre ce qu'elle a écrit de son côté, et on discute encore pendant des heures.

Si c'est moi qui me déplace le plus souvent jusque chez elle, c'est parce que Roxanne a un problème au genou, une malformation que les médecins essaient de corriger avec un appareil compliqué, un truc avec des vis et des ressorts, on dirait un instrument de torture. Elle en a encore pour quelques mois, si tout va bien. Aux dernières nouvelles, ça n'allait pas très bien.

Jamais je ne l'ai entendue se plaindre. Pendant les cours d'éducation physique, elle travaille comme bénévole à la bibliothèque. Elle ne touche pas de salaire, mais elle s'en fout. Tout ce qui compte, pour elle, c'est de pouvoir emprunter plus de livres que les autres, et surtout *avant* les autres. Elle est maniaque des romans policiers, surtout du genre qu'écrivent de vieilles dames anglaises. Aussitôt qu'une reine du crime publie un nouveau roman, Roxanne se jette dessus comme Jimmy se jetterait sur un chien errant. Jamais je n'ai vu quelqu'un lire autant. Une vraie boulimique.

Je ne suis pas fou des romans policiers anglais. Je les trouve trop longs, trop psychologiques. Ce que j'aime, moi, c'est l'action, le sang, l'horreur. J'aime lire ce genre d'histoires, oui, mais je pense que j'aime encore mieux en écrire.

Je me retrouve donc chez Roxanne chaque samedi, et je lui fais lire mes histoires sanglantes. Elle corrige mes fautes d'orthographe (elle est bien meilleure que moi en français), elle me fait des suggestions, puis nous discutons des motivations des personnages et de la progression de l'action. Ensuite, je lis ses histoires à elle, je corrige ses fautes (elle en fait quand même quelques-unes, et on voit toujours mieux les fautes des autres), je suggère chaque fois de multiplier les cadavres et d'ajouter quelques hectolitres d'hémoglobine, elle me répond que ce sont plutôt les ambiances qui l'intéressent, et on parle, on parle…

Au cas où vous vous demanderiez si nous avons d'autres activités d'un genre moins intellectuel, je vous répondrai que ça ne vous regarde pas.

Oh, et puis je peux bien vous le dire : il ne se passe rien. J'ai essayé, une fois, mais… Elle a dit qu'elle avait peur d'aller trop vite, peur de briser quelque chose entre nous, et puis il y a ce genou disloqué qui la fait marcher comme un robot ridicule, comment quelqu'un pourrait-il la désirer…

Les bras m'en sont tombés. Je lui ai dit que je me foutais de son appareil comme de mon premier taille-crayon et que j'avais toujours eu un faible pour les robots, mais je n'ai réussi qu'à lui arracher un sourire triste. Je n'ai pas insisté.

Il ne se passe rien d'autre entre nous, du moins dans la vraie vie. Dans mon imagination, c'est évidemment autre chose. Je ne suis peut-être pas très doué pour l'orthographe, mais pour ce qui est d'imaginer…

C'est un peu frustrant, mais ce n'est pas grave. J'ai tout mon temps.

En attendant de nouveaux développements dans la réalité, nous discutons des histoires que nous inventons. Celle de Jimmy et de ses cadavres de chiens, par exemple, et celle de Steve, que j'ai abandonné dans le bureau du directeur sans trop savoir comment il réagirait. Jeter son Smith & Wesson dans la corbeille à papier et fuir à toutes jambes ? Ce serait idiot : l'arme est enregistrée, elle est couverte d'empreintes, et un jeune qui se sauve en courant a tout de suite l'air coupable… Steve doit rester calme.

Remettre le revolver dans son sac et rentrer tout bonnement chez lui, comme si de rien n'était, en espérant que personne ne l'ait vu ? Impossible : il y a des caméras de surveillance à l'entrée de l'école, et les professeurs vont sûrement finir par arriver...

— La meilleure chose que Steve peut faire, dit Roxanne, c'est de cacher le revolver dans son sac et d'appeler à l'aide. Il expliquera qu'il était venu rencontrer le directeur pour discuter avec lui de l'affaire Vinet, et qu'il l'a trouvé mort. Personne ne pensera à fouiller son sac, et il profitera de l'énervement pour rentrer chez lui...

— Tu as raison. Mais ça, c'est un raisonnement qu'on tient quand on est bien assis dans un fauteuil et qu'on a le temps de réfléchir à toutes les possibilités. Dans la vraie vie, on s'énerve, on fait des gaffes, surtout si on se sent coupable... Je n'ai pas encore décidé de la suite. En attendant, je vais faire lire mon premier chapitre à M. Vinet, pour savoir ce qu'il en pense...

▲▼▲

Non seulement M. Vinet existe, mais je peux dire sans exagérer qu'il m'a presque sauvé la vie, au début de l'année. Mon frère était mort l'année d'avant, ma mère faisait une dépression, mon père avait toutes les peines du monde à s'empêcher de boire et il travaillait comme un fou dans son verger. Si nous avions eu un Smith & Wesson pour de vrai, je ne suis pas sûr que c'est juste dans des boîtes de conserve que mon père aurait tiré…

Tout ce qui m'intéressait, c'était de louer des films d'horreur. Plus c'était macabre, plus j'aimais ça. Ça peut sembler bizarre, étant donné l'ambiance morbide qui régnait à la maison, mais ces films réussissaient à m'accaparer pendant quelques heures, et ça me faisait du bien de me changer les idées. Je regardais parfois les films trois fois de suite, en essayant de les décortiquer. Quand j'étais petit, je brisais souvent mes jouets pour savoir comment ils marchaient. Maintenant, je fais pareil avec les films : ce ne sont que des histoires, comment ça se fait qu'on y croit ?

Je me suis ensuite mis à inventer mes propres histoires. Je m'installais dans la cabane où mon père remise ses outils, et j'écrivais chaque semaine les aventures de Steve, un jeune homme qui faisait des courses automobiles sur une piste où tout était permis. Il y avait des accidents, du sang, des cadavres… J'écrivais quelques lignes, et je me sentais aussitôt partir pour un autre monde, un monde où tout était permis, un monde où je pouvais enfin libérer ma colère. J'allais parfois marcher dans le verger pour me dérouiller le dos après quelques heures d'écriture, et je me sentais plus léger, comme si je m'étais débarrassé d'un manteau de plomb. Ça me permettait de faire sortir le méchant, comme on dit. Écrire, c'est une drogue dure, mais c'est une drogue propre, et parfaitement légale. J'ai même trouvé un professeur qui m'encourage à en consommer ! Si jamais un vrai directeur le congédiait pour de vrai, je deviendrais bien plus méchant que le Steve de mon histoire.

▲▼▲

— J'ai fait quelques remarques dans les marges, comme d'habitude, me dit M. Vinet en rajustant ses lunettes. Quelques fautes ici et là, c'est normal... J'ai aussi remarqué que tu essayais d'éviter les répétitions, ce qui est une très bonne idée, mais il ne faut pas que le lecteur s'en aperçoive. Quand tu dis, par exemple, que des idées *tordues* apparaissent dans son esprit *retors*, ça manque un peu de naturel... Il ne faut pas oublier que ton narrateur est un jeune homme de seize ans. On imagine mal Steve employer le mot *retors*... Dans le paragraphe suivant, tu écris que Jimmy se sent *dix fois* plus excité que lorsqu'il doit tuer des chiens. Quelques lignes plus loin, tu parles du sang magique qui *décuple* ses sensations... Ce n'est pas une répétition à proprement parler, mais tu pourrais quand même trouver autre chose. Tu vas penser que je chipote sur des détails, mais c'est important, les détails... J'ai bien aimé les souliers qui *couinent*, par contre. C'est vraiment le mot juste... Ici, tu vois, il y a une faute de frappe...

Nous sommes tous les deux assis à une table de la cafétéria, et M. Vinet feuillette mon premier chapitre en multipliant les commentaires de ce genre. Je devrais être content, bien sûr – il s'est donné la peine d'encercler les fautes, de souligner les passages obscurs et de mettre des étoiles dans les marges, et tout ça va sûrement m'aider à améliorer mon texte –, mais je me sens quand même frustré. J'aimerais qu'on en finisse avec ces détails et que M. Vinet réponde à la seule question qui m'intéresse pour l'instant : aime-t-il mon histoire de directeur assassiné, oui ou non ?

Je pourrais évidemment lui poser la question, mais je connais d'avance sa réponse : Tu as de l'imagination, Steve, mais tu as tendance à être un peu brouillon. Un boulon, c'est un détail ; mais si c'est lui qui retient l'aile de l'avion, c'est un détail qui devient crucial. Dans une histoire, tous les détails sont importants. Tiens, ici, tu as un participe mal accordé…

Je le connais depuis assez longtemps pour savoir qu'il n'y a rien à faire : il va corriger chacune de mes fautes et relever toutes les répétitions avant de porter un jugement d'ensemble. Je ne sais pas si c'est son intention, mais il m'enseigne en même temps l'une des règles élémentaires du suspense : il faut savoir faire attendre son lecteur. Et pour ça, il faut parfois accumuler des détails, allonger des phrases…

— Ici, il y a une répétition que tu n'as pas vue : quatre fois le mot *peur* en six lignes… Tu essaieras de corriger ça… Et voilà, je pense que c'est tout.

Il a terminé, enfin ! Il tapote les feuilles sur la table pour en faire une pile bien nette, il les replace dans le dossier… J'ai l'impression qu'il joue avec mes nerfs : va-t-il finir par me dire ce qu'il pense de mon texte ?

— C'est intéressant, laisse-t-il tomber. On entre vite dans l'action, on se fait prendre par l'histoire, le rythme est bon, et j'aime bien les va-et-vient entre la réalité et la fiction. Mais les personnages gagneraient à être un peu plus étoffés. Prends le directeur, par exemple. On connaît son nom, mais on a du mal à l'imaginer. On apprend – un peu tard – qu'il sent le tabac, mais c'est tout... Est-il grand ou petit, gros ou maigre, jeune ou vieux ?

— On sait aussi qu'il a une Volvo...

— Comme le véritable M. Patenaude... Écoute, je pense que c'est ça, le problème : Patenaude, Vinet, Steve, Jérôme... Toi et moi, nous savons très bien de qui il s'agit et nous pouvons les imaginer facilement, mais il faut penser aux pauvres lecteurs qui n'ont pas la chance de vivre dans notre école. Ils doivent se former une image mentale, et ils n'ont pas tous autant d'imagination que toi... C'est normal que tu t'inspires de la réalité, tous les écrivains en font autant, mais il ne faut quand même pas exagérer : tu ne t'es même pas donné la peine de changer les noms ! La seule personne qui ne risque pas de se reconnaître, c'est Maude. Excellente idée de l'avoir transformée en gothique, soit dit en passant. S'il y a quelqu'un que je n'imagine pas en vampire, c'est bien elle ! Maude la Mauve ! C'est une trouvaille, ça... À mon avis, tu devrais en faire autant avec les autres personnages. Ça t'obligerait à mieux les imaginer toi-même, et ton lecteur y croirait davantage. Transforme Patenaude en Robichaud, trouve-lui une caractéristique physique, fais-lui conduire une Mazda...

— Aucun problème. Mais ils vont quand même se reconnaître, non ? Un directeur, c'est un directeur...

— Pas du tout. Prends M. Vinet, par exemple. Tu dis qu'il est petit, gros, chauve et vieux. Le véritable M. Vinet n'est pas si petit que ça, il lui reste quelques cheveux sur le crâne, et il n'est pas gros, juste un peu enveloppé. Et puis il n'a que cinquante ans, c'est tout jeune... Si tu avais appelé ton personnage Gingras ou Chicoine, je ne me serais sans doute jamais aperçu que je t'avais servi de modèle, et ma susceptibilité aurait été épargnée. Tu vois ce que je veux dire ?

— Message reçu. Je vais changer les noms...

— Parfait. Il y a aussi un petit problème de vraisemblance : ça m'étonnerait qu'un professeur de l'âge de

M. Vinet soit muté à une autre école pour avoir lu une histoire d'horreur à ses élèves. Le syndicat prendrait immédiatement sa défense, et Vinet subirait tout au plus une simple réprimande. Si tu rajeunissais ton professeur, ça réglerait le problème : il pourrait être suppléant, par exemple, ou stagiaire... Quoi qu'il en soit, c'est un bon début, et Steve est aux prises avec un intéressant dilemme moral. As-tu une idée de ce qui va se passer dans le chapitre deux ?

— Pas vraiment.

— Tu vas finir par trouver quelque chose, j'en suis sûr. Si j'étais à ta place, je recommencerais tout à partir du début. Tu rajeunis Vinet, tu changes le nom de Patenaude, tu donnes un peu de chair à tes personnages... Ça te donnera le temps de réfléchir à la suite des événements par la même occasion.

▲▼▲

Quand j'enfourche mon vélo, à la fin de la journée, je me demande comment j'aurais à me décrire moi-même s'il me fallait étoffer mon personnage. Ni grand ni petit, ni beau ni laid, peut-être un peu plus maigre que la moyenne, mais avec des jambes beaucoup plus musclées, à cause du vélo... J'insisterais sur le vélo, je pense que ça me décrit bien. Je pourrais voyager en autobus jaune, comme tout le monde, mais tant qu'il ne neige pas, je préfère prendre l'air. Qu'il pleuve ou qu'il vente, qu'il fasse un soleil de plomb ou qu'il gèle, je pédale chaque jour les dix kilomètres qui me séparent de l'école, et chaque samedi les trente kilomètres qui me séparent de chez Roxanne (étrangement, ces kilomètres-là me semblent toujours plus courts). Parfois, le dimanche, je pédale pour rien, juste pour me sentir vivant.

Jusqu'à l'année dernière, je n'avais presque jamais fait de cyclisme. Ça m'ennuyait. Mais quand mon frère a été tué par un chauffard ivre, je me suis dit que je n'avais pas le choix, ou plutôt que je n'avais qu'un seul choix : ou bien je ne touche plus jamais à un vélo de ma vie, ou bien je pédale rageusement, pour défier la mort. J'ai choisi la deuxième solution, et je ne l'ai jamais regretté.

Pédaler, c'est bon pour les cuisses et les mollets, c'est excellent pour le moral, et c'est indispensable pour l'imagination. Quand j'ai une histoire en tête, je roule un peu moins vite, jusqu'à ce qu'un nuage de brume se forme dans mon cerveau. C'est toujours dans ce brouillard que se forment les nouvelles idées, les développements inattendus, les rebondissements surprenants. Parfois, je dialogue avec mes personnages, comme quand j'étais petit et que je parlais à mon ami imaginaire. Qu'est-ce que tu vas faire de ton Smith & Wesson, Steve ?

Parfois, j'en profite pour penser à ce qui m'arrive dans la vraie vie et j'essaie de soigner mes humeurs, de panser mes plaies. Ce jour-là, par exemple, je me souviens que je me sentais préoccupé, susceptible, pollué par des idées noires… Pourquoi ? J'ai mis un bon moment avant d'admettre que j'avais mal digéré les commentaires de M. Vinet.

Mon premier chapitre était évidemment loin d'être parfait, je le savais, mais il représentait pour moi des heures de travail, de frustration, de patience têtue. Et les commentaires de M. Vinet n'avaient pas été dithyrambiques, voilà ce qui me chicotait. Il m'avait dit que le récit était intéressant, c'est vrai, et il avait dessiné quelques étoiles dans les marges, mais c'était sans enthousiasme, sans conviction…

— Et alors ? m'a répondu mon ami imaginaire. T'attendais-tu à ce qu'il crie au génie ? C'est toujours pareil, tu devrais le savoir : il faut recommencer, encore et encore. On ne peut pas monter des côtes sans forcer un peu… Vinet a raison : il faut étoffer les personnages. Patenaude pourrait s'appeller Robichaud, tu pourrais lui donner un accent acadien…

Voilà ce que je pensais, ce jour-là. Je pédalais en pensant à mon roman, sans me douter que la réalité serait bien pire que toutes les histoires d'horreur que j'aurais pu imaginer.

Chapitre 3

Je suis dans la classe de mathématiques quand l'intercom grésille.

— Est-ce que Steve Charbonneau est là ? crache M. Patenaude, tellement fort que nous sursautons tous.

— Il est ici, répond Mme Bessette, qui circule entre les rangées pour nous aider à résoudre nos problèmes.

— Envoyez-le-moi. Immédiatement.

Le ton est tellement sec que Mme Bessette en reste interdite.

— ... Bien..., finit-elle par dire, puis elle se tourne vers moi.

J'ai le réflexe de me tourner moi aussi vers l'arrière de la classe, comme s'il pouvait y avoir un autre Steve Charbonneau...

Mon réflexe est d'autant plus stupide que je suis assis au dernier rang. Il n'y a qu'un mur derrière moi, et je ne pense pas qu'il me sera d'un grand secours.

Je me lève et je me dirige vers la porte. Quand je passe à côté de Yan, il me lance un regard interrogatif, auquel je réponds par un haussement d'épaules. Je ne sais pas plus que lui ce que M. Patenaude peut bien me vouloir. Et ça m'inquiète. Ça m'inquiète même beaucoup. Quand un élève de 5e secondaire a un problème de discipline, il est habituellement convoqué par Mme Dugré, la responsable du deuxième cycle. M. Patenaude n'a jamais affaire à nous, à moins de circonstances exceptionnelles. Quelqu'un serait-il mort ? Mon père ? Ma mère ?

Je me sens tout petit quand je sors de la classe, et en même temps très lourd. J'ai le corps raide, les jambes en béton, et ma tête déborde de tant d'idées contradictoires que j'en ai le vertige.

Je me présente à la secrétaire de M. Patenaude : je suis Steve Charbonneau, M. le directeur m'a convoqué…

Elle me regarde d'un air bête, me fait signe de m'asseoir, mais j'ai à peine posé les fesses sur le banc que Patenaude sort de son bureau et pointe vers moi un index accusateur.

— Toi, entre dans mon bureau. Tout de suite.

Ça fait drôle à dire, mais il est tellement rouge de colère que je suis rassuré : il ne me parlerait certainement pas sur ce ton si un de mes proches était mort. Et comme je n'ai rien fait de mal, il ne peut rien se passer de très grave. Il doit me prendre pour un autre, voilà tout, il a dû se tromper de nom… Nous allons nous expliquer, et tout ira bien.

Je reste debout tandis que M. Patenaude contourne son bureau. Il fait mine de s'asseoir dans son fauteuil, mais il se relève aussitôt pour aller fermer la fenêtre. Il revient ensuite vers moi, m'invite à m'asseoir – je devrais plutôt dire qu'il m'en intime l'ordre – et pose ses fesses sur le coin de son bureau, de façon à pouvoir me regarder de haut. J'ai l'impression d'être dans un film : je suis un criminel, et Patenaude un policier chargé de me faire avouer mon crime. Il me regarde en fulminant tout en se frottant les mains, comme s'il voulait se réchauffer les poings avant de me taper dessus.

J'ai peur. Très peur. Il faut dire que M. Patenaude est du genre costaud. Une tête carrée posée sur un cou trop court, un nez de boxeur, des muscles puissants qu'on devine à travers son veston. Un vrai taureau. Un taureau qui souffle sa colère par ses naseaux dilatés, et qui se trouve en face d'un bien petit toréador qui n'a pas du tout envie d'agiter sa cape. Ne pas le provoquer, surtout. Baisser les yeux, se faire tout petit, tout poli...

— Tu te penses drôle, Steve ?

— ... Pas du tout, monsieur.

— Tais-toi !

Ça commence bien : pourquoi me pose-t-il une question s'il ne veut pas que je réponde ? Je continue à regarder le bout de mes souliers, déterminé à ne pas le provoquer. Si seulement je savais ce qu'il me reproche !

— Sais-tu ce que signifie le mot *diffamation*, Steve ?

J'en ai une petite idée, mais je n'en suis pas entièrement certain. Et même si je l'étais, je sens qu'il vaut mieux en dire le moins possible…

— Je ne sais pas, monsieur.

— Je vais te le dire, moi…

Il se lève, se dirige vers la bibliothèque et saisit un *Petit Robert*. Je l'observe tandis qu'il feuillette son dictionnaire : sa main gauche est tellement grande que je ne vois presque plus la couverture… Une main pour jouer au baseball sans gant. Ou pour boxer… Ne pas provoquer, surtout, ne pas provoquer !

— *Diffamation* : *Action de diffamer*… Oui, bon, ça ne nous avance pas beaucoup… *Diffamer : Chercher à porter atteinte à la réputation, à l'honneur de quelqu'un*. L'honneur ! Sais-tu ce que c'est que l'honneur, Steve ?

Je continue à regarder le sol tandis qu'il me fait sa leçon de français, ou plutôt de chinois : ce qu'il dit n'a aucun sens pour moi.

— Je ne pense pas que Mme Fortin apprécierait que son honneur soit souillé par un jeune écervelé qui se croit tout permis.

Je lève les yeux vers lui en essayant de mettre le plus de sincérité possible dans mon regard, ce qui est très facile étant donné que je suis parfaitement sincère.

— Je ne sais pas ce que vous voulez dire, monsieur. Je ne connais pas de Mme Fortin.

— N'essaie pas de faire l'innocent. Tout le monde connaît Mme Fortin. Patricia Fortin. Celle que tu as rebaptisée si subtilement Patsy. On se demande bien pourquoi, d'ailleurs. Tu ne t'es pas donné cette peine pour les autres…

Ça y est, j'ai compris : il a mis la main sur mon premier chapitre. Comment ? Je n'en ai aucune idée. Il n'a visiblement pas aimé que j'utilise son nom, c'est normal. Mais qu'est-ce que c'est que cette histoire de Mme Fortin ?

— Écoutez, monsieur, je vous répète que je ne connais pas Mme Fortin. Je le jure sur la tête de mon frère.

Je pense avoir trouvé les bons mots pour convaincre le directeur : il sait ce qui est arrivé à mon frère et il doit se douter que je n'invoquerais pas son nom pour appuyer un mensonge stupide.

— Essaies-tu de me faire marcher ? Tu ne connais pas Mme Fortin, qui enseigne les mathématiques en 2e secondaire ?

— Je ne connais pas tous les professeurs de l'école, monsieur, et je n'ai pas une bonne mémoire pour les noms. C'est d'ailleurs pour ça que…

— … Là n'est pas la question, de toute façon…

Il se lève d'un bond pour remettre le dictionnaire dans la bibliothèque, revient à son bureau, ouvre un tiroir et en sort une copie de mon manuscrit. Comment a-t-il fait pour se procurer ce texte ? Essayons de penser vite. Je n'en ai imprimé que deux exemplaires. Celui que j'ai fait lire à M. Vinet est chez moi, bien rangé dans un tiroir de mon bureau, et d'ailleurs il est presque entièrement couvert d'annotations. Ça ne peut donc pas être celui-là. À moins que M. Vinet n'en ait fait une copie ? Ça m'étonnerait. L'autre exemplaire est chez Roxanne, et j'imagine mal Roxanne donner mon manuscrit au directeur... Mais peu importe comment cela s'est fait : le directeur a lu mon texte, voilà tout ce qui compte pour l'instant. Et j'ai fait une bêtise en utilisant son nom. Dans la prochaine version, je jure sur la tête de mon frère que le directeur de mon école sera une directrice. Et elle sera Vietnamienne.

— Bon, ça y est, j'ai trouvé ce que je cherchais... Écoute ça, Steve. Tu vas sûrement reconnaître ton style, si j'ose dire... *J'aurais dépecé M. Patenaude en prenant bien mon temps, pour lui montrer ce que c'est que la vraie violence. D'abord, je l'aurais scalpé, puis je lui aurais coupé les orteils, phalange par phalange, puis les doigts, en mettant du sel sur la plaie entre chaque intervention, et peut-être aussi quelques gouttes d'acide sulfurique. Ensuite, j'aurais coupé chacun de ses membres en petites tranches fines, tout en lui conservant des moignons, pour pouvoir l'écarteler...* Comment t'attends-tu à ce que je réagisse quand je lis ce genre de prose ?

— J'ai fait une erreur, monsieur, et je m'en excuse. J'ai écrit cette histoire très vite, et j'ai pris les premiers noms qui me passaient par la tête. Mais ce sont des personnages de fiction, monsieur, il n'y a rien de vrai là-dedans. D'ailleurs, je n'ai jamais vu un Smith & Wesson de ma vie, mon père n'a jamais été policier, et jamais il ne me passerait par la tête de…

— N'essaie pas de me raconter d'histoires, Steve. Ce ne sont pas tant les noms qui importent à mes yeux que cet étalage de violence gratuite, cette incitation à la haine, ce manque de respect envers la mission éducative de l'école… Tu n'aurais pas pu écrire ton texte si ces idées ne t'avaient jamais traversé la tête, c'est rigoureusement impossible. Et te rends-tu compte que ces horreurs circulent partout, qu'elles peuvent être lues par des élèves de 1re secondaire, et même du primaire ? Imagine qu'un enfant ait vraiment accès à une arme à feu et qu'il décide d'imiter ton personnage… Non, je ne peux pas laisser passer ça, Steve. Tu es suspendu pour deux semaines, et la sanction s'applique immédiatement. Tu as l'habitude de venir à l'école à vélo ? Tu n'as donc pas besoin d'attendre l'autobus scolaire... Rentre immédiatement chez toi.

— Mais, monsieur...

— Il n'y a pas de *mais*. La prochaine fois, tu réfléchiras avant d'écrire n'importe quoi.

▲▼▲

Quand je suis rentré à la maison, mon père était dans le garage en train de nettoyer un des contenants dont il se sert pour répandre des insecticides. Il a été surpris de me voir arriver au milieu de l'avant-midi, mais il a réagi comme je l'espérais : il a pris la peine de m'écouter, il a même lu mon histoire, et il a bien pesé ses mots avant de me dire ce qu'il en pensait.

— Ton texte est violent, c'est certain, mais j'ai déjà vu bien pire à la télévision... Cela dit, tu as fait une gaffe en utilisant le nom du directeur, tu ne peux pas prétendre le contraire. Je comprends M. Patenaude d'être irrité, mais de là à te suspendre pendant deux semaines ! Ça me semble excessif : tu n'as quand même pas vendu de drogue ni agressé personne… À quoi ça sert d'être jeune si on n'a pas le droit de faire une erreur de temps en temps ? Tout cela n'a aucun sens. Écoute, je vais l'appeler tout de suite.

Nous sommes entrés dans la maison, et mon père a immédiatement téléphoné à l'école. La secrétaire a répondu que M. Patenaude était en réunion, mais qu'il le rappellerait vers midi.

En apprenant l'histoire, ma mère a réagi de façon beaucoup moins calme. Sans vouloir lui manquer de respect, j'irais même jusqu'à dire qu'elle a grimpé dans les rideaux.

— Deux semaines de suspension pour ça ! C'est complètement débile ! Ton père a appelé le directeur ? Parfait. Moi, je vais appeler la commission scolaire ! Et si ça ne marche pas, j'irai jusqu'au député, on va voir ce qu'on va voir…

Elle s'est précipitée sur le téléphone, qu'elle a passé une bonne partie de la journée à utiliser, en pure perte.

À une heure, le directeur n'avait toujours pas rappelé. Mon père a téléphoné une fois de plus à l'école, où la secrétaire lui a répondu que M. Patenaude était parti à un colloque et qu'il serait absent le reste de la semaine.

Ma mère a fini par obtenir un rendez-vous avec le commissaire chargé de la sous-région administrative numéro dix-huit. Cependant, comme son horaire était très chargé, ce commissaire ne pourrait pas la rencontrer avant le mois suivant…

— Le mieux que tu puisses faire pour le moment, m'a dit mon père, c'est d'avaler ta pilule. C'est absurde, c'est injuste, mais c'est comme ça. Ton directeur d'école a été piqué au vif, mais sa colère finira bien par retomber… Il va rappeler la semaine prochaine, et on va finir par se comprendre… Tu peux sûrement t'organiser avec tes amis pour qu'ils prennent des notes à ta place, non ?

Tes résultats ont toujours été bons, tu devrais pouvoir te débrouiller...

Ma mère n'était pas d'accord. Elle parlait encore d'appeler le député, et les journaux, et peut-être même la télévision...

Le téléphone a sonné au milieu de la discussion. C'était M. Vinet. Il a parlé avec mon père, puis avec moi, et enfin avec ma mère, et il nous a répété la même chose à tous les trois : la sanction était aussi incompréhensible qu'injustifiée, il ferait tout ce qui était en son pouvoir pour convaincre le directeur de revenir sur sa décision, laissez-moi faire, tout finira par s'arranger...

— J'ai confiance en lui, a dit ma mère après y avoir réfléchi un peu. Attendons à la semaine prochaine, on verra bien...

J'étais soulagé : je n'avais pas du tout envie qu'on parle de moi dans les journaux, et encore moins d'être une vedette de la télévision. Attendons à la semaine prochaine, oui. La tempête finira bien par passer.

▲▼▲

Tout de suite après le souper, j'ai pédalé jusque chez Roxanne. Sa mère m'attendait sur le balcon, et je ne m'étais pas encore dégagé de mes calepieds qu'elle me mitraillait de paroles : sa fille lui avait tout raconté, c'était un vrai scandale, ça ne la surprenait pas tellement vu qu'elle connaissait bien le directeur et qu'il était un des pires paranoïaques qu'elle ait jamais rencontrés, nous allons t'aider, ne t'en fais pas, je connais des gens haut placés, il ne s'en tirera pas comme ça…

Je ne savais pas trop quoi répondre. J'étais content qu'elle prenne ma défense, évidemment, mais en même temps je lui en voulais de faire tant de bruit. Pendant que je pédalais sur mon vélo, j'avais même fini par me dire que je m'en tirais à bon compte, finalement : deux semaines à la maison, ce n'était quand même pas la mer à boire. J'en profiterais pour aider mon père, et peut-être même pour continuer mon histoire…

Je suis allé retrouver Roxanne dans sa chambre, où elle m'a appris ce dont je commençais à me douter : elle avait fait parvenir mon récit à son amie Maude par Internet. Jusque-là, pas de problème : Maude est une fille drôle et sympathique, et beaucoup moins paranoïaque que le directeur. Mais Maude n'était pas toute seule chez elle quand elle avait reçu le courriel de Roxanne. Elle était avec Catherine, sa meilleure amie, qui est elle aussi une fille intelligente et sympathique, et pas du tout paranoïaque. Les deux filles avaient bien ri en lisant le premier chapitre de mon histoire, et voilà tout. Le problème, c'est que Catherine a une mère. C'est évidemment un phénomène assez répandu chez les filles de seize ans, mais ce n'est pas tout le monde qui a une mère dans ce genre-là. Heureusement. La mère de Catherine est une fouineuse. Du genre à renifler dans les tiroirs de sa fille au cas où elle y trouverait des épices exotiques, et à lire tout ce qui ne la regarde pas, comme le journal personnel de sa fille, ou les lettres des amies de celle-ci, ou un manuscrit… Il faut dire enfin que la mère de Catherine s'est récemment convertie à l'Église de l'Entrecôte Ensanglantée, ou quelque chose dans ce goût-là, et que les membres de cette secte condamnent vigoureusement la violence à la télévision, la théorie de l'évolution, la musique influencée par Satan et les mauvaises lectures.

La mère de Catherine avait donc lu le manuscrit, elle en avait été scandalisée, pour ne pas dire horrifiée, et elle avait immédiatement téléphoné à l'école de sa fille pour qu'on remédie immédiatement à la situation.

— ... Tout ça, c'est ma faute, a conclu Roxanne, qui en avait les larmes aux yeux. Je m'en veux, je m'en veux tellement !

— Tu n'as pas à t'en vouloir : j'étais d'accord pour que tu envoies mon texte à Maude. Ce n'est pas ta faute, ni celle de Maude, ni celle de Catherine, ni même celle de la mère de Catherine... Au fond, c'est moi le seul responsable : si j'avais pris la peine de changer les noms, rien de tout cela ne serait arrivé.

— … Peut-être. Mais ça n'explique pas la sanction. Deux semaines de suspension ! C'est absurde ! C'est idiot !

— Peut-être pas si absurde que ça. Écoute, j'ai une idée qui me trotte dans la tête à ce sujet-là, et j'aimerais bien la vérifier… Tu permets que je téléphone à M. Vinet ?

— Bien sûr, oui… Je peux rester ici pendant que tu lui parles ?

— Aucun problème, mais j'aimerais que ça reste entre nous, d'accord ? Je n'ai pas tout dit à mes parents parce que je trouve ça gênant, mais je pense que ça expliquerait la réaction de M. Patenaude…

— Je te jure que je ne dirai rien, a répondu Roxanne en me tendant son téléphone.

— … M. Vinet ? Ici Steve… Écoutez, M. Vinet, j'essaie encore de comprendre ce qui est arrivé, et j'ai une hypothèse que je voudrais vérifier avec vous… C'est à propos de Mme Fortin… Est-il possible que j'aie blessé M. Patenaude sans le savoir ? Ce ne serait rien de plus qu'une coïncidence, mais on ne sait jamais…

Je lui ai alors rapporté le plus fidèlement possible l'échange que j'avais eu avec le directeur à propos de Mme Fortin. Si j'en juge par le temps qu'il a pris avant de répondre, M. Vinet a été secoué.

— … Écoute-moi bien, Steve. Je n'aime pas me mêler de la vie privée des gens, mais il se pourrait que tu aies mis le doigt sur quelque chose… M. Patenaude et Mme Fortin… Ce ne sont évidemment que des spéculations, on n'a aucune preuve, mais ça expliquerait sa réaction disproportionnée… C'est une situation délicate, et il faut marcher sur des œufs… Tu ne parles de ça à personne et tu me laisses faire, d'accord ?

— D'accord…

J'étais d'autant plus d'accord que Roxanne était tout près de moi tandis que je parlais au téléphone. Vraiment tout près, tellement près que je sentais son sein contre moi et que je respirais ses parfums…

Aussitôt que j'ai raccroché, elle m'a embrassé. Pas un petit bec sur la joue, un vrai baiser, un de ces baisers qui déclenchent des séismes intérieurs et dont on se souvient toute sa vie, un baiser que j'allais emporter avec moi comme un trésor précieux et qui allait m'aider à traverser toutes les horreurs qui allaient me tomber dessus par la suite.

▲ ▼ ▲

Quand je suis rentré chez moi, ce soir-là, mes parents m'attendaient dans le salon. Ils étaient en compagnie de deux policiers en civil : Nelson, que je connaissais déjà et qui m'a adressé un sourire triste, et un autre que je ne connaissais pas et qui m'a semblé tout aussi gentil.

Nelson m'a fait la lecture d'une lettre signée par un juge. Il y était question de tribunal pour la jeunesse, de convocation en cour et de détention préventive dans un centre pour la jeunesse.

Attendez, est-ce que j'ai bien entendu ? *Détention préventive ?*

Mes parents m'ont regardé d'une telle façon que j'ai immédiatement compris que ce n'était pas une blague, ni un mauvais rêve : j'étais en état d'arrestation pour avoir… *pour avoir écrit une histoire ?* On me mettrait en prison pour avoir écrit un chapitre de roman ?

— Ce n'est pas une prison, a corrigé le deuxième policier, c'est un centre pour la jeunesse, c'est différent. Et on ne t'arrête pas pour avoir écrit une histoire, mais pour avoir proféré des menaces. Il faut que tu nous suives, Steve…

— Tu dois y aller, Steve, a confirmé mon père. Nous allons parler au juge, et il va finir par entendre raison. Nous allons te tirer de là, ne t'en fais pas…

Ma mère a essayé de dire quelque chose, mais les mots sont restés coincés dans sa gorge.

Les deux policiers semblaient tout aussi désolés que mes parents. Ils marchaient la tête basse, comme s'ils étaient honteux de ce qu'ils venaient de faire. N'empêche qu'ils étaient venus pour m'arrêter, comme si j'avais commis un crime...

Je les ai donc suivis jusqu'à leur automobile et je me suis assis à l'arrière. Je n'ai pas du tout aimé le bruit qu'a fait la portière en se refermant.

Chapitre 4

Il est presque minuit, et nous roulons lentement dans un quartier désert de la ville. Nelson, qui conduit la voiture de police banalisée, essaie de me rassurer.

— Je n'ai pas lu ton texte, Steve, mais je suis sûr que tout va finir par s'arranger. N'aie pas peur. Tu vas rencontrer un juge dès demain matin, c'est la loi. On n'emprisonne plus les gens pour rien, aujourd'hui, surtout pas des mineurs… Le juge va vite te libérer, j'en mettrais ma main au feu. Tu n'es quand même pas un criminel, tu as juste *écrit* quelque chose, ce serait bien la première fois qu'on mettrait un jeune en prison parce qu'il a écrit une histoire, je n'arrive pas à y croire... En tout cas, je suis prêt à témoigner en ta faveur, si ça peut servir : c'est moi qui t'ai fourni de l'information sur les armes à feu, je me sens un peu responsable... On ne t'emmène pas dans une prison, Steve, n'aie pas peur. C'est un centre pour jeunes, c'est très différent. Oublie ce que tu as vu dans les films : tu auras une chambre juste pour toi, il n'y a pas de barreaux aux fenêtres, tout est flambant neuf et ultramoderne. C'est un centre expérimental, et tout est conçu pour aider les jeunes...

Nelson est vraiment sympathique. Quand il a mené l'enquête sur la mort de mon frère, il n'aurait pas mieux travaillé si la victime avait été son propre fils. Le lendemain, le coupable était arrêté et l'affaire était réglée, mais il semble que ce n'ait pas été encore assez pour Nelson, qui s'est présenté au salon funéraire pour nous offrir ses condoléances et qui a même tenu à assister aux funérailles. Je ne pense pas qu'il y ait beaucoup de policiers qui en auraient fait autant. Et comme si ce n'était pas suffisant, il a téléphoné à la maison chaque semaine pendant les mois suivants, juste pour prendre des nouvelles. J'avais beaucoup de préjugés contre les policiers avant de connaître Nelson. Maintenant, je sais que s'il y en a des pourris, il y en a aussi d'excellents. C'est comme pour les professeurs. Ou les directeurs d'école…

— … Tu ne moisiras pas là longtemps, ne t'inquiète pas, répète Nelson.

Il continue d'essayer de me rassurer, mais il n'y réussit pas tout à fait : nous traversons maintenant un quartier industriel assez sinistre, où on ne voit que de vieilles usines désaffectées, des cimetières d'autos et des stationnements pour bétonnières. Il y a ensuite un dépotoir, puis une prison, une vraie prison avec des barbelés et des miradors. Nelson a-t-il essayé de m'endormir avec ses belles paroles ? Il semble que non : l'auto ne ralentit pas devant la prison, et nous continuons jusqu'à un bâtiment qui ressemble à une grosse polyvalente.

Ce n'est peut-être pas une prison, comme le répète Nelson, n'empêche que nous devons nous arrêter à deux barrières, où un gardien en uniforme nous demande chaque fois de nous identifier.

Il n'y a pas de barbelés ni de murailles, mais les vitres, très épaisses, sont quadrillées de fils de fer. Nous traversons trois vestibules, et chaque fois de lourdes portes se referment derrière nous avec des bruits bizarres, électroniques autant que mécaniques. J'ai l'impression d'entendre les portes me parler : *Nous sommes plus forts que toi, Steve, tu ne t'en sortiras pas*.

Nelson va échanger quelques mots avec un gardien installé à un bureau et protégé par une vitre, puis il revient vers moi.

— Bon, il faut y aller, dit-il d'un air piteux. Bonne chance, Steve.

— Bonne chance, répète l'autre policier.

— …

Si je ne réponds rien, c'est que j'en suis incapable. Je me sens comme si je m'étais réveillé au milieu de la nuit et qu'on m'avait transporté dans un univers étrange, dont je ne connais pas les règles. J'ai l'impression d'être une carcasse vide, sans émotions, sans sentiments. J'entends ce que les deux policiers me disent, mais j'ai l'impression que leurs paroles ne s'adressent pas à moi, que ça ne peut pas être moi, Steve Charbonneau, qui me trouve ici en ce moment, que rien de tout cela n'est vrai. On dirait que quelqu'un a volé mon image et qu'il l'utilise pour me donner un rôle dans un mauvais film.

Il faut que Nelson pose sa main sur mon épaule et qu'il me répète « Bonne chance, Steve », pour que je me réveille : je suis bel et bien ici, dans une *prison*. On m'enferme parce que j'ai écrit un texte de fiction et que j'ai fait la bêtise de ne pas changer les noms…

Je regarde partir les deux policiers et je reste là, seul, planté dans cette salle comme un poteau au milieu du désert. J'entends les moindres bruits, comme si j'étais dans une église vide : les portes qui se referment derrière les policiers, le gardien qui tourne les pages de son journal derrière la vitre, la radio qui diffuse des publicités d'un magasin de tapis, puis les *couic couic* des chaussures de quelqu'un qui s'avance dans ma direction et qui a l'air de s'être trompé d'histoire.

Plus je regarde le jeune homme qui se dirige vers moi, plus j'ai du mal à croire qu'il travaille ici. Sportif, souriant, sympathique, il serait parfait comme moniteur dans un camp de vacances, et je ne serais pas surpris outre mesure s'il me proposait une leçon d'escalade.

— Salut, Steve. Moi, c'est Frankie. Je suis intervenant et je travaille avec ton groupe. La première chose que je veux te dire, Steve, c'est que je ne veux pas savoir ce que tu as fait. Pour moi, tout le monde est innocent, *right* ? Je ne suis pas un juge, et je n'ai pas envie de le devenir… Je ne sais pas combien de temps tu vas passer avec nous, mais on va bien s'entendre, tu vas voir… Tu joues au volley, Steve ?

— J'ai joué un peu à l'école…

— Tu es bon ?

— Je me débrouille, mais je suis loin d'être un champion...

— On verra ça... Bon, suis-moi, on a quelques formalités à régler...

Il me conduit d'abord à un comptoir derrière lequel se trouve un gardien qui me demande de lui donner mon portefeuille, ma ceinture et mes lacets, et de vider mes poches. Il glisse tout ce que je lui donne dans une grande enveloppe brune, sur laquelle il détaille le contenu : soixante-douze cents en petite monnaie, un paquet de gommes entamé, un portefeuille contenant vingt dollars, un stylo, des clés et une montre. Je sais bien que ça aurait été inutile, mais j'aurais aimé conserver la clé du cadenas de mon vélo, juste pour sentir entre mes doigts quelque chose qui me permettrait de partir d'ici... Je n'ai plus rien dans les poches quand je m'éloigne du comptoir, et pourtant je me sens plus lourd qu'avant.

Nous allons à un deuxième comptoir, où un autre gardien me demande de poser les mains sur le mur et d'écarter les jambes. Il promène un détecteur de métal autour de moi, comme s'il voulait me dessiner une auréole, et j'ai l'impression qu'il me vole en même temps une partie de mon âme. Il prend ensuite mes empreintes digitales, et j'ai encore une fois l'impression de me faire voler une partie de moi-même. Non seulement il m'a sali, mais il a fait analyser mes empreintes par un ordinateur, qui enverra bientôt mes coordonnées à tous les services de police de la planète, en même temps que ma photo, prise devant une échelle graduée. Dans quelques secondes, les policiers de Miami, de Moscou ou de Macao n'auront qu'à cliquer sur un clavier pour apprendre que Steve Charbonneau mesure un mètre soixante-treize, qu'il a proféré des menaces de mort à l'endroit de son directeur d'école et qu'il est considéré comme un danger public.

— Ne t'en fais pas avec ça, me dit Frankie comme s'il lisait dans mes pensées. Tu es couvert par la Loi sur la protection de la jeunesse, ça ne sortira pas d'ici... Si tu n'es pas trouvé coupable, tout ça sera détruit.

Nous allons enfin à un troisième comptoir, où un autre gardien me donne une serviette de bain et une débarbouillette.

— Il y a un distributeur de savon dans la douche, m'explique encore Frankie. Si tu as besoin de te raser, il faudra demander à tes parents qu'ils te fournissent un rasoir électrique. Les autres ne sont pas permis.

Nous traversons ensuite des kilomètres de salles et de corridors, et pendant tout ce temps-là Frankie n'arrête pas de me parler de basket, de volley et de taekwondo. J'ai envie de me frotter les yeux et de me nettoyer les oreilles : est-ce que je suis bien dans un centre de détention, ou ai-je été inscrit à mon insu à un stage intensif d'éducation physique ? Frankie marche tellement vite que j'ai du mal à le suivre, surtout que mon pantalon est un peu trop grand et que je n'ai plus de ceinture. J'ai au moins le temps de constater que Nelson avait raison : l'endroit où nous nous trouvons ne ressemble en rien aux prisons qu'on voit dans les films. Tout est propre et aéré, et les murs sont peints de couleurs vives. On dirait une polyvalente flambant neuve, sans le moindre graffiti.

Frankie finit par s'arrêter devant une porte, qu'il ouvre à l'aide d'une carte magnétique, puis il met son doigt devant sa bouche pour m'inciter à ne pas faire de bruit.

— Te voilà chez toi, Steve…

La porte ne donne pas sur une chambre ou un dortoir, comme je m'y attendais, mais sur une vaste salle de séjour dans laquelle il y a une table de cuisine entourée de six chaises, un téléviseur suspendu au plafond et protégé par une vitre, deux canapés et un futon. Les murs sont décorés de deux gigantesques affiches de Michael Jordan et de Pamela Anderson.

Je regarde autour de moi, et j'ai du mal à comprendre : Frankie m'a-t-il amené ici parce que toutes les cellules sont occupées ? Est-ce que je dois dormir sur un des canapés ?

J'aperçois alors des portes peintes en bleu, et numérotées de un à six, qui donnent sur cette pièce.

— Ce sont les chambres, m'explique Frankie. La tienne, c'est le numéro cinq. Il y a six jeunes par unité. Tu rencontreras les autres demain matin : tout le monde se lève à sept heures, tu n'auras pas le choix. Derrière la porte rouge, tu trouveras la douche. Derrière la jaune, les toilettes. Il faut aussi que je te dise qu'il y a des caméras partout, et que tu es surveillé vingt-quatre heures sur vingt-quatre. Malgré les apparences, tu n'es jamais seul avec tes compagnons, jamais. Au moindre faux pas, à la moindre altercation, deux gardiens se présenteront en moins de vingt secondes pour te rappeler à l'ordre. Et ils sont très efficaces... Si tu n'as pas envie de te retrouver dans une cellule d'isolement pendant quelques jours, tiens-toi tranquille, et méfie-toi des provocateurs. Quand les autres partiront, demain matin, tu resteras ici. Quelqu'un viendra te chercher vers dix heures pour t'emmener devant le juge. Si tu veux un conseil, Steve, n'essaie pas de l'emberlificoter. Essaie d'être sincère et de dire la vérité. À la longue, c'est toujours plus payant...

— … Ils vont où, les autres ?

— À l'école. C'est obligatoire, ici comme ailleurs. Si jamais ton séjour se prolonge, on te fera passer des tests de classement. Ici, chacun apprend à son rythme… Mais tu verras ça plus tard. Pour le moment, essaie de dormir un peu…

Il me donne une tape amicale sur l'épaule, et je ne sais pas quoi penser de son geste : veut-il me montrer que je ne rêve pas et que tout ce que je vis est bel et bien réel, ou essaie-t-il de me rassurer ? Quoi qu'il en soit, jamais je ne me suis senti aussi seul.

▲▼▲

J'entre dans ma chambre : une chaise, une table, une armoire, une commode, un lit étroit mais confortable… Les draps sont propres et le couvre-lit, décoré de vagues vertes et bleues, est presque beau. J'ai déjà vu pire. Il n'y a pas de barreaux aux fenêtres, comme l'a dit Nelson, qui a cependant oublié de préciser qu'il n'y a pas non plus de fenêtre… J'entends un chuintement venant du plafond : l'aération est assurée par un système de ventilation qui distribue de l'air en conserve, comme à mon école. Je cherche une façon de contrôler la température, mais je n'en trouve pas. Le seul commutateur se trouve à côté de la porte, et il commande une lumière encastrée dans le plafond. Quand je l'éteins, ma chambre est baignée d'une lueur rouge, comme dans un laboratoire photo : une enseigne lumineuse, au-dessus de la porte, indique EXIT. L'information est cruciale : comme il n'y a qu'une porte, on pourrait facilement se tromper…

Je rallume la lumière et j'explore ma chambre. L'armoire est vide, de même que la commode. Pas même une Bible, comme dans les hôtels… Dommage, ça m'aurait fait de la lecture.

La porte me semble avoir quelque chose d'inhabituel, mais je mets un bon moment avant de m'apercevoir qu'elle n'a pas de poignée, ni de clé, ni de verrou. C'est une porte battante, il n'y a qu'à pousser pour l'ouvrir. Bravo pour l'intimité…

J'éteins la lumière et je m'allonge sur mon lit, mais je ne réussis pas à me détendre. Quelle heure est-il, au fait ? Sans montre, sans horloge et sans fenêtre, il n'y a pas moyen de le savoir.

Je me lève pour aller aux toilettes, même si je n'ai pas vraiment envie de me libérer la vessie. Je marche lentement dans la salle de séjour, en faisant le moins de bruit possible, et mon attention est attirée par des bruits de moteurs électriques. En levant les yeux, j'aperçois trois caméras de télévision, fixées sur des pivots et protégées par des vitres épaisses, qui balaient toute la pièce. S'il me prenait l'envie d'admirer trop longtemps la photo de Pamela Anderson, un gardien, quelque part, me regarderait la regarder…

Je pousse la porte des toilettes, qui n'a pas non plus de clé, ni de verrou, ni de poignée. Pas moyen de pisser en paix, pas moyen de s'isoler. Je jette un coup d'œil dans la douche : c'est pareil. Mais il n'y a pas de caméra, c'est toujours ça.

Je retourne dans ma chambre, je m'étends une fois de plus sur mon lit, et je n'arrive toujours pas à m'endormir. Ma chambre ? Est-ce que j'ai bien dit ma *chambre* ? Ce n'est pas une *chambre*, Steve, c'est une *cellule*…

J'essaie de chasser mes mauvaises pensées en me tournant d'un côté puis de l'autre, mais rien à faire, je suis éveillé comme en plein jour, sans la moindre envie de dormir. Je scrute encore le plafond et j'essaie de compter les trous dans les panneaux : un, deux, trois petits trous… On dirait une comptine pour les enfants…

Un, deux, trois petits trous,

Une, deux, trois histoires de fou…

Un Steve, gros comme un pou,

Un Steve sans le sou, un Steve tout mou…

Un Steve qui fait des rimes, et qui arrive presque à sourire,

Un Steve qui finit par s'endormir…

Un Steve qui se réveillera en sursaut deux heures plus tard,

Et qui s'apercevra que le cauchemar ne fait que commencer.

Chapitre 5

Une atroce sonnerie électrique me tire de mon sommeil, et le plafonnier s'allume automatiquement. Je mets du temps à réaliser ce qui m'arrive : le couvre-lit est décoré de vagues vertes et bleues, l'enseigne EXIT est toujours au-dessus de la porte, et je m'appelle encore Steve Charbonneau, du moins il me semble. Je suis donc dans ma chambre du centre de détention, ou plutôt dans ma cellule… Qu'est-ce que je fais ici, alors que je devrais être chez moi, en train de me préparer pour aller à l'école ? J'aimerais me laver et me brosser les dents, mais il n'y a pas de lavabo dans ma chambre, ni même de miroir. En prêtant l'oreille, je crois entendre un bruit de vaisselle à travers la porte. Une odeur de café me parvient...

Je me lève, je m'habille et je pousse lentement la porte : il y a quelqu'un dans le séjour, un garçon qui me semble un peu plus jeune que moi. Je ne lui donne pas plus de quatorze ans, il est maigre et noueux comme un fil de fer, et ses bras sont couverts de tatouages à motifs de barbelés. Il est occupé à mettre le couvert et il ne semble pas faire attention à moi, mais je sens qu'il me guette du coin de l'œil. Je m'approche lentement, tout en observant ce qu'il fait : il dépose les six assiettes à leur place sur la table, et met dans chacune de ces assiettes un petit sachet contenant des ustensiles de plastique, du sucre et une serviette de table en papier. Un pot de jus d'orange et un litre de lait sont posés au centre de la table, entourés de six gobelets de plastique. Il y a aussi un thermos de café, un plateau qui déborde de muffins, de pâtisseries et de céréales, et un panier de fruits. Si j'étais dans un camp de vacances, je considérerais sans doute que ce repas est un véritable festin, mais, à bien y penser, je préférerais manger des toasts imbibés de pluie et aromatisés aux moustiques plutôt que d'être ici…

— Salut, je m'appelle Steve. Est-ce que je peux t'aider ?

Barbelé ne répond pas, et ce n'est certainement pas parce qu'il est sourd : il fait visiblement de grands efforts pour ne pas me regarder.

— Ne t'en fais pas avec lui, Steve, dit une voix derrière moi. Coco n'est pas bavard, il faut lui laisser le temps de s'habituer… Il parlera quand je le dirai.

Je me tourne. Celui qui vient de m'adresser la parole pourrait s'appeler Monsieur B. *B* comme dans biceps, et *Monsieur* parce que ses biceps imposent le respect. Il a les muscles si gonflés qu'il se tient les bras écartés du corps, comme s'il venait de tomber à l'eau et qu'il voulait se faire sécher. Ses cuisses sont tellement massives qu'il ne peut pas marcher normalement, ce qui lui donne une allure de robot.

Biceps s'assoit à la table, et Barbelé lui sert aussitôt un jus d'orange, puis un verre de lait dans lequel il a dilué un sachet de poudre. J'imagine qu'il s'agit d'un supplément de protéines, ou quelque chose dans ce genre-là. Biceps me parle entre deux gorgées de muscles en poudre.

— Ici, c'est moi qui mène. Mon nom, c'est Ben. C'est facile à retenir : ça rime. C'est Ben qui mène. Tu comprends-tu ?

— Je comprends.

Je n'ose pas ajouter quoi que ce soit, ça me semble plus prudent. Et puis c'est vrai que j'ai tout compris du premier coup. Ben est un super bon pédagogue.

— Premier règlement : c'est moi qui mange en premier. Coco est le seul qui a le droit de se lever avant moi, parce que c'est mon serviteur. Les autres restent dans leur chambre en attendant que j'aie fini. Aujourd'hui, tu pouvais pas savoir, ça fait que c'est correct. Demain, tu sauras quoi faire. Si tu cherches pas le trouble, t'auras pas de trouble. Astheure assis-toi là, pis raconte-moi ton histoire. Sers-lui du café, Coco…

Ils ont beau s'appeler Coco et Ben, je préfère continuer à utiliser les surnoms que je leur ai donnés : Barbelé me sert un jus d'orange, et je raconte à Biceps ce qui m'a amené ici. Je lui relate les événements le plus simplement et le plus honnêtement possible, sans en rajouter et sans essayer de me donner le beau rôle, tandis qu'il engouffre la moitié des muffins et des pâtisseries.

— … C'est tout ? finit-il par me dire. Ils t'ont enfermé parce que t'as écrit un chapitre de roman ? Ça se peut pas. Ça se peut même pas. T'as-tu entendu ça, Coco ? Que c'est que t'en penses ?

— Je pense pareil comme toi, Ben, répond Coco d'une voix étonnamment grave. Ça se peut pas.

— C'est pourtant la vérité. J'ai écrit un chapitre de roman, et j'ai eu le malheur de tomber sur un directeur un peu fêlé…

— J'appelle pas ça fêlé, moi ! répond Biceps. J'appelle ça malade mental ! Va dire aux autres qu'ils peuvent venir manger, Coco, j'ai hâte qu'ils entendent ça…

Barbelé va frapper aux portes, et bientôt trois autres compagnons viennent nous rejoindre. Ils ont l'air d'avoir douze ou treize ans, pas plus, et ils semblent totalement soumis à Ben. Ils marchent la tête basse, en essayant de se faire le plus discrets possible. On dirait trois écureuils, toujours inquiets, toujours prêts à s'enfuir.

Le premier s'appelle Bleu, disons. On n'a qu'à lui voir la face pour deviner qu'il a beaucoup pratiqué la boxe, surtout comme punching-ball. Je baptise le deuxième Bébé, parce qu'on reste dans les *B* et que c'est le plus petit de nous tous, il est du genre à être jockey pour des poneys. Et on va dire que le troisième s'appelle Baseball, à cause de sa casquette enfoncée jusqu'aux yeux. Ce n'est pas très original, mais je n'ai pas le temps de trouver mieux.

— Écoutez bien, vous autres, dit Biceps. Steve va vous raconter son histoire. C'est pas mal spécial, vous allez voir...

Je recommence tout depuis le début, et Biceps conclut de la même manière :

— Ça se peut pas... Ça se peut même pas... Que c'est que vous en pensez, vous autres ?

— C'est un méchant malade, ton directeur, dit Bleu.

— Un crisse de fou, renchérit Bébé.

— A doit être bonne en ostie, ton histoire ! dit Baseball. J'aimerais ça la lire…

— Écoutez-moi bien, tout le monde, reprend Biceps. On a un écrivain avec nous autres, ça fait qu'on va n'en prendre soin, OK ? Y restera pas longtemps icitte, anyway… Si y'en a un qui manque de respect pour Steve, il va avoir affaire à moi, compris ? Bon, ben, c'est pas toute, faut que je m'en aille au gym…

Quand Biceps se lève, tout le monde se lève en même temps, même ceux qui n'ont pas fini de manger, et ils attendent que la porte de la douche soit refermée avant de se rasseoir.

Aussitôt qu'on entend l'eau couler, la conversation reprend – mais à voix basse. Bébé et Bleu parlent de formule 1, Baseball fait des blagues que je n'ose pas répéter à propos de Pamela Anderson, et Barbelé mange en silence. Quand Biceps sort de la douche, c'est Bleu qui prend sa place, suivi de Baseball. Je finis par comprendre qu'ils suivent l'ordre des numéros de chambre : Biceps a le numéro un, évidemment, et ainsi de suite. Barbelé occupe la chambre numéro six, c'est donc lui qui prend sa douche en dernier – non sans avoir auparavant fait le ménage de la chambre de Biceps.

J'essaie d'amorcer une conversation avec les autres en attendant mon tour, mais sans grand succès. Quand je demande à Bébé de me raconter ce qui l'a amené ici, c'est Barbelé qui répond à sa place :

— On ne parle pas de ça, dit-il d'un ton tranchant. Si tu veux le savoir, tu demanderas à Ben. C'est lui qui décide de que c'est qu'on peut dire, pis de que c'est qu'on peut pas dire.

Je pose ensuite une question innocente à Baseball à propos des brosses à dents, et, encore une fois, c'est Barbelé qui répond.

— Tu peux en avoir au magasin, dit-il sur un ton encore plus tranchant. Tu demanderas à Ben, c'est lui qui prend les commandes.

Je comprends alors que Barbelé n'est pas le numéro six, comme je l'ai d'abord cru, mais le numéro deux. Être le serviteur de Biceps n'est pas un esclavage, mais un privilège. Quand Biceps n'est pas là, c'est Barbelé le boss. Et je commence aussi à deviner que si j'ai su me faire apprécier de Biceps, il en va tout autrement avec son assistant…

À huit heures, une autre sonnerie retentit, et tout le monde quitte la salle. D'après les bribes de conversation que je peux capter, je déduis que Biceps et Barbelé se rendent au gymnase, que Baseball a rendez-vous avec un psy et que les deux autres vont à l'école – je me demande bien à quoi peut ressembler cette école…

Il me reste deux heures à attendre, que j'essaie d'occuper comme je peux. Je commence par allumer la télévision, mais je l'éteins rapidement. Des talk-shows, des quiz, des infopubs, il n'y a rien de plus déprimant que la télévision le matin. Si on pouvait mourir de platitude, ce serait une bonne façon de se suicider.

Je me demande ce qui se produirait si je jetais un coup d'œil aux autres chambres... Puisqu'il n'y a ni clé ni verrou, je n'ai qu'à pousser sur les portes et personne n'en saura jamais rien... Du moins, personne d'autre que les gardiens qui m'observent à l'aide des caméras, et qui sait ce qui se passerait si ces gardiens me dénonçaient à Biceps...

Je décide quand même de regarder dans la chambre de Barbelé, qui se trouve juste à côté de la mienne, en jouant celui qui s'est simplement trompé de porte. Je ne fais que l'entrouvrir et je la laisse se refermer aussitôt, mais ces quelques instants m'ont suffi pour confirmer ce que je pensais : si le couvre-lit de Barbelé est vert et bleu, comme le mien, c'est le seul élément qui me rappelle ma chambre. Ses murs sont couverts d'affiches de formule 1, il a une mini-chaîne stéréo et des dizaines de CD, un ordinateur, des vêtements... Bref, Barbelé loge dans une chambre normale, comme s'il était installé pour longtemps. Depuis combien de temps vit-il ici ? Quel crime a-t-il bien pu commettre ?

J'entre ensuite dans ma chambre, qui me semble bien nue, et j'en ressors aussitôt, puisque je n'ai rien à y faire…

Je retourne dans la salle de séjour et je fais les cent pas jusqu'à ce que deux gardiens entrent, poussant un chariot devant eux. Serait-il déjà dix heures ?

— T'es qui, toi ? demande le premier sur un ton bourru.

Comme il est dix fois plus gros que moi et qu'il porte un bâton à la ceinture, j'ai intérêt à être poli.

— Je m'appelle Steve Charbonneau…

— Tasse-toi de là, Steve, on a une job à faire.

J'ai bien compris son ordre, mais je ne sais pas comment l'interpréter : puisque je suis au centre de la pièce, veut-il que j'aille à gauche, ou à droite, ou que je retourne dans ma chambre ?

— T'es-tu sourd, ostie ? On t'a dit de te tasser, ça fait que tasse-toi, pis tiens-toi le plus loin possible de nous autres…

Je m'éloigne le plus possible de la table et je mets mes mains dans mon dos pour montrer aux gardiens que je n'ai aucune intention agressive.

— Tes mains en avant ! crie le deuxième gardien. Arrange-toi pour qu'on voie toujours tes mains !

Croient-ils vraiment que je suis assez fou pour m'attaquer à eux ? Je laisse tomber mes bras le long de mon corps et j'essaie d'avoir l'air aussi soumis que possible.

— C'est correct, dit le premier gardien au deuxième. Tu peux y aller pendant que je le surveille.

Le deuxième gardien sort alors deux bacs de plastique de son chariot et y dépose les restes du déjeuner. Ceux que je croyais être des gardiens n'étaient donc, en réalité, que des employés des cuisines. Des employés qui portent un bâton à la ceinture et une fiole de ce qui pourrait bien être du poivre de Cayenne... J'ai envie de leur dire de ne pas avoir peur, que je m'appelle Steve Charbonneau et que je ne suis ni un fauve ni un fou dangereux, que mon seul crime est d'avoir un peu trop d'imagination, mais je préfère me taire. Je commence à comprendre que, dans ce genre d'endroit, moins on en dit, mieux c'est.

De toute façon, je ne moisirai pas longtemps dans leur trou. Je rencontrerai bientôt un juge, et tout juge sain d'esprit me libérera sur-le-champ. S'il me demande de faire des excuses, je dirai oui, monsieur le juge, avec plaisir, monsieur le juge, je suis même prêt à recopier ces excuses mille fois. J'ai compris, monsieur le juge, j'ai fait une erreur et je ne recommencerai plus, promis juré. Condamnez-moi à des travaux communautaires si vous voulez, ce sera une punition bien méritée, ordonnez-moi d'enlever toutes les vieilles gommes à mâcher collées sous les pupitres de mon école et j'exécuterai vos ordres avec le sourire, monsieur le juge, mais sortez-moi d'ici, s'il vous plaît, sortez-moi d'ici…

— Steve Charbonneau ?

Le gardien m'a pris par surprise. Celui-là a l'air aussi bête que les deux employés des cuisines, et tout aussi méfiant.

— Je t'emmène chez le juge. Marche à trois pas devant moi, pas plus, mais surtout pas moins, compris ?

J'ai compris, monsieur le gardien. Emmenez-moi devant le juge, qu'on en finisse.

Chapitre 6

Je suis un peu déconcerté quand j'entre dans la salle du tribunal : ce n'est pas un juge qui me reçoit, mais *une* juge, une dame d'un certain âge, un peu voûtée, avec un gigantesque chignon sur la tête, et qui me regarde par-dessus des lunettes de lecture. Elle feuillette des documents tandis que je m'approche de son bureau, et plus je la regarde, plus je me dis qu'elle ressemble à une grand-mère. J'en conclus qu'on va sûrement bien s'entendre, elle et moi : les grands-mères savent qu'il y a une différence entre la réalité et la fiction. Ma grand-mère maternelle était une fichue bonne conteuse, et ses histoires n'étaient pas piquées des vers.

Le gardien me fait signe de m'installer derrière un pupitre, puis il vient se poster derrière moi, si près que je l'entends respirer. Ça m'embête un peu de sentir sa présence : pense-t-il vraiment que je risque d'agresser une vieille dame ?

La juge siège derrière un immense bureau, et elle est flanquée de deux femmes vêtues de toges qui semblent occupées à prendre des notes. J'imagine que ce sont des greffières, il y en a toujours dans les tribunaux, mais je n'ai jamais su ce qu'elles faisaient au juste.

— Steve Charbonneau ? me demande la juge tout en continuant à tourner les pages du document qu'elle consulte en même temps qu'elle me parle.

— ... C'est moi.

— Qu'est-ce qui t'amène ici, Steve ? Raconte-moi ça...

N'essaie pas de l'emberlificoter, Steve. Reste poli, regarde-la dans les yeux, montre-lui que tu es sincère... Je prends une bonne respiration, et je me lance.

— Je vais vous expliquer ce qui s'est passé, madame. Mon problème est simple : j'ai un peu trop d'imagination, et je n'ai pas de mémoire pour les noms. J'aime écrire des romans. Des romans d'horreur. Mon professeur de français dit que j'ai du talent, mes amis aussi. Tout le monde aime lire mes histoires…

— Ton professeur s'appelle Clément Vinet ?

Sa réplique me déroute. Comment le connaît-elle ? Que sait-elle, au juste ? Qu'est-ce qu'il y a sur ces papiers qu'elle regarde tout en m'écoutant ?

— C'est ça, oui…

— C'est bien ce que je pensais. Tu peux continuer…

— … J'ai donc écrit le premier chapitre d'un roman qui se passe dans une école secondaire. Puisque j'ai du mal à me souvenir des noms de mes personnages, je me suis simplifié la vie en utilisant ceux que j'avais sous la main. Mon professeur de français s'appelle donc M. Vinet, mon directeur M. Patenaude, et ainsi de suite. Ce n'est pas la meilleure décision que j'aie prise dans ma vie, je le sais, mais il faut comprendre que c'était seulement un premier jet. Jamais je n'aurais fait circuler ce chapitre sans changer les noms…

— Beaucoup de gens l'ont lu, pourtant… Attends un peu, je vais t'en lire un passage.

Elle m'a lu le passage que m'avait déjà cité M. Patenaude.

— *J'aurais dépecé M. Patenaude en prenant bien mon temps, pour lui montrer ce que c'est que la vraie violence. D'abord, je l'aurais scalpé, puis je lui aurais coupé les orteils, phalange par phalange, puis les doigts, en mettant du sel sur la plaie entre chaque intervention, et peut-être aussi quelques gouttes d'acide sulfurique…* C'est bien toi qui as écrit ce texte-là, Steve, et c'est bien ton directeur que tu souhaites traiter de cette manière ?

— C'est moi qui l'ai écrit, mais c'est un *personnage* qui parle, ce n'est pas moi…

— Un personnage qui porte ton nom…

— Je reconnais que ce n'était pas très intelligent de ma part, mais…

— Ce n'est pas une question d'intelligence, Steve… Maintenant, écoute-moi bien. Je pense que tu es un garçon articulé, à qui on peut parler clairement. Tu comprends bien ce que je te dis, Steve, n'est-ce pas ?

— Je comprends très bien, madame…

— Parfait. Je vais t'expliquer ce que tu fais ici, Steve. S'il y a quelque chose que tu ne comprends pas, tu me le dis, d'accord ?

— D'accord…

Elle sort quelques feuilles du dossier, rajuste ses lunettes et prend une gorgée d'eau avant de recommencer à me parler avec sa belle voix de grand-mère – mais cette belle voix si douce dit des choses qui me donnent des sueurs froides, et ce n'est vraiment pas juste une façon de parler.

— J'ai ici un rapport d'évaluation de ton profil psychosocial, Steve. Il a été rédigé par le docteur Sylvain Poirier, pédopsychiatre associé au centre jeunesse…

— Pardonnez-moi de vous interrompre, madame, mais je n'ai jamais rencontré cet homme. Comment peut-il m'avoir évalué ?

— C'est une bonne question, Steve… Je vais te lire son rapport, et tu me diras ensuite ce que tu en penses… Ce n'est pas très long, tu vas voir… Tu es prêt ?

— Je suis prêt…

— Je lis… *Rapport d'évaluation du profil psychosocial de Steve Charbonneau, né le 4 octobre 1987, présenté à la Direction de la protection de la jeunesse (DPJ) par le docteur Sylvain Poirier, pédopsychiatre associé au Centre jeunesse des Laurentides… Steve Charbonneau a été signalé à la Direction de la protection de la jeunesse des Laurentides sous l'alinéa 38-H (troubles de comportement). Le signalant craignait alors que la violence extrême contenue dans les écrits de l'adolescent se matérialise dans les faits, notamment à l'égard du directeur de l'école qu'il fréquente, soit M. Émile Patenaude…* Tu comprends bien ce que je lis, Steve ?

— Très bien, mais… Est-ce que je peux vous poser une question, madame ?

— Vas-y.

— Qu'est-ce que ça veut dire, un *signalant* ?

— Dans notre jargon, ce mot désigne la personne qui a porté plainte. En l'occurrence, il s'agit de M. Patenaude... Je continue. *Considérant la dangerosité réelle de l'adolescent, le signalement a été retenu (code 2 : intervention dans les 48 heures). M. Jacques Pelletier, intervenant à l'évaluation de la DPJ, a rapidement conclu que le jeune Steve devait être évalué en pédopsychiatrie. Dans ce cadre, j'ai été mandaté pour établir le profil psychosocial de Steve. À noter que je ne l'ai pas encore rencontré, compte tenu de l'urgence de la situation. Mon jugement clinique est fondé sur deux sources principales et valides, soit le premier chapitre d'un livre écrit par Steve (document 1) et un récit antérieur écrit par le même jeune, intitulé* La Piste sauvage, *qui relate également des propos extrêmement violents (document 2). Ce manuscrit a été trouvé lors de l'enquête de la DPJ auprès d'un professeur de l'école du jeune, M. Clément Vinet. Ces deux documents ont été admis en preuve et sont annexés au présent rapport...* Tu avais raison de signaler que tu ne connaissais pas le docteur Poirier, Steve. Mais, comme tu le vois, le docteur Poirier, lui, te connaît…

— Mais je ne l'ai jamais rencontré, madame ! Il a seulement lu mes textes, et il n'a pas pu entendre mes explications…

— J'ai souvent travaillé avec le docteur Poirier, Steve. C'est un homme très intelligent, et remarquablement compétent. S'il a pris la peine de se pencher sur ton cas, tu devrais écouter ce qu'il a à dire. C'est dans ton intérêt. On se comprend bien, Steve ?

Je me contente de hocher la tête.

— Parfait. Je continue. *À la lecture approfondie des deux documents, il ressort que l'adolescent montre un profil de trouble de la personnalité avec tendance psychotique dissociative (communément appelée personnalité multiple). Ce jeune homme a incontestablement perdu contact avec la réalité. S'il n'est pas pris en charge, l'aspect psychotique de sa psyché progressera inévitablement, passant probablement à des phases hallucinatoires. Son monde imaginaire prendra le dessus sur son monde réel, et il risque alors de poser des gestes d'une extrême gravité.* Tu as bien compris, Steve ? Le docteur Poirier pense que tu risques de commettre des gestes d'une *extrême gravité*...

Elle prend une gorgée d'eau avant de poursuivre sa lecture, tandis que dix mille questions se pressent dans ma tête. Comment ce psychiatre a-t-il pu tirer de telles conclusions sans jamais m'avoir parlé ? Il a lu mes textes, c'est tout, et ce ne sont que des *histoires*, des histoires que j'ai écrites pour m'amuser. Je n'ai jamais voulu faire quoi que ce soit à M. Patenaude, c'est à peine si je le connais, j'ai juste utilisé son nom, c'est tout... Je suis tellement sonné que je renonce à interrompre la juge, qui rajuste encore une fois ses lunettes et continue sa lecture.

— *Voici les détails de l'analyse. Dans un premier temps, soulignons que Steve a 16 ans, âge où plusieurs bouleversements hormonaux s'opèrent. Il est donc normal que la personnalité de l'adolescent soit teintée d'un certain déséquilibre névrotique et conduise à une interprétation biaisée de la réalité. Toutefois, dans le cas présent, l'adolescent montre des problèmes plus profonds. Cela arrive parfois quand les pulsions sexuelles sont si intenses qu'elles sont incontrôlables. Elles deviennent souvent anxiogènes. La symbolique de ses textes témoigne de cette sexualité mal assouvie : inutile, par exemple, de souligner le caractère phallique/agressif de ce Smith & Wesson. Mais il y a plus. Steve a visiblement été profondément marqué par la mort de son frère, Patrick Charbonneau, tué par un chauffard ivre. Cet événement traumatisant crée encore beaucoup d'agressivité chez lui, d'autant plus qu'un sentiment d'injustice y est rattaché. De plus, cet événement a donné suite à plusieurs autres situations agressantes : dépression de la mère, père qui s'absorbe dans son travail… Cette non-disponibilité des parents en cette période douloureuse a sûrement été ressentie comme un rejet parental par ce jeune en quête de réconfort.*

Ça, c'est un peu fort : comment ce psychiatre qui ne m'a jamais rencontré peut-il juger mes parents ? Ce n'est pas moi qui ai trop d'imagination, c'est lui ! Je lève la main pour signifier à madame la juge que j'ai quelque chose à dire, mais elle me fait à son tour un geste m'indiquant qu'elle n'en a plus que pour quelques minutes, et elle poursuit sa lecture.

— ... *Steve écrit donc des scènes extrêmement violentes pour pouvoir extérioriser sa propre violence interne. C'est le phénomène de la catharsis, bien connu en psychiatrie et qui, en certaines circonstances, peut être très sain. Cette soupape de sécurité lui a par exemple visiblement permis d'évacuer une partie des tensions générées par ses conflits sexuels et son sentiment d'injustice relié à la mort de son frère, ce qui est sûrement excellent, mais le foisonnement de cette violence nous donne aussi une idée de l'intensité de ces tensions. Nous savons que son professeur de français, M. Clément Vinet, favorisait l'apprentissage de ce mécanisme chez Steve. En plus de lui présenter des modèles (romans de Steve Prince), il l'encourageait à écrire ce genre de textes. Or, il semble que cette catharsis n'ait pas été suffisante pour soulager ses pulsions agressives, ce qui a poussé Steve à utiliser un autre mécanisme de défense typique de l'adolescence, soit le déplacement. La cible choisie par Steve est évidente : il s'agit de M. Patenaude, le directeur de son école et figure classique de l'autorité. Aucun mot n'est innocent, et les noms encore moins que tous les autres. En nommant son directeur, Steve le désigne comme victime d'une folie meurtrière qui semble sur le point d'exploser.*

Les lignes directrices de cette agressivité à venir sont bien énoncées dans les textes du jeune Steve, qui commence à se dissocier de son être en se projetant dans l'esprit d'un sadique, le concierge Jimmy, qui poignarde le directeur de son école et lui fait subir les pires supplices, et en se mettant lui-même en scène en tuant le directeur une deuxième fois. Fait à noter, il n'est pas rare que les individus dissociatifs aient au moins deux personnalités : la première correspond habituellement à leur identité réelle (Steve lui-même, qui se voit comme victime d'une injustice), et la seconde (Jimmy, le concierge sadique) est chargée de défendre ou de venger la première. Nous croyons donc que la personnalité de Steve est sur le point de se disloquer, libérant ainsi une explosion incontrôlable de violence trop longtemps contenue.

Considérant l'ensemble des faits cités, je recommande que Steve Charbonneau soit interné en centre sécuritaire dans les plus bref délais avec traitement en pédopsychiatrie pour une période de six mois (réévaluation aux six mois).

Est-ce que j'ai bien compris ? Est-ce que j'ai vraiment bien compris ? Six mois ? On veut me garder ici pendant six mois sans même me faire subir de procès, comme si j'étais un fou dangereux, un monstre sanguinaire ? Il faut que je réplique à ce tissu d'interprétations tordues, il faut que je convainque la juge de me faire sortir d'ici...

— Écoutez, madame, je ne me suis jamais battu de toute ma vie, je n'ai jamais menacé personne, j'ai juste écrit une histoire, un point c'est tout. Je n'ai pas tout compris de ce que vous m'avez lu, mais je peux vous jurer que je n'ai rien contre M. Patenaude : c'est à peine si je le connais ! Parlez-en à mes parents, à mes amis, à mes professeurs : je n'ai jamais été violent, jamais. Est-ce qu'on peut enfermer quelqu'un au cas où il le deviendrait ? Et puis on n'a pas le droit de jeter quelqu'un en prison sans procès, j'ai droit à un avocat...

— C'est précisément ce dont j'allais te parler, Steve. À partir de maintenant, tu as le choix. Ou bien tu acceptes le diagnostic du docteur Poirier, et dans ce cas tu restes avec nous pendant six mois. Je te signale en passant que nous ne sommes pas dans une prison, mais dans un centre pour la jeunesse. Il n'est pas question de t'emprisonner, mais de te soigner. Nous sommes ici pour t'aider, Steve. Fais attention aux mots que tu utilises... Si tu te conduis bien, je pourrais t'accorder des congés pour les fins de semaine...

— Quel est l'autre choix ?

— La deuxième possibilité, c'est que tu subisses un procès devant un tribunal pour la jeunesse. Ce n'est pas la voie que je te recommande, Steve. À ton âge, un procès peut être une expérience traumatisante...

— … Croyez-vous qu'il serait moins traumatisant de passer six mois en prison ?

— Fais attention à ton vocabulaire, Steve : je te répète que ce n'est pas une prison, mais un centre pour la jeunesse. Nous sommes ici pour t'aider…

— Je choisis quand même de subir un procès, madame.

— C'est ton droit… Ton procès aura donc lieu le… attends un peu… dans un mois, jour pour jour. En attendant, tu devras évidemment rester avec nous. Ce rapport ne m'en donne pas le choix. Au suivant…

— Mais…

— L'affaire est entendue, Steve. Je suis désolée, mais je n'ai pas plus de temps à te consacrer.

Impossible d'ajouter un mot : le gardien me saisit par le bras et m'entraîne hors de la salle.

— Calme-toi un peu, le jeune… Quand un juge dit que c'est fini, c'est fini…

Ne résiste pas, Steve, ne résiste pas…

— Parfait. Marche trois pas devant moi. Pas plus, pas moins. Ne te retourne pas, sinon tu auras affaire à moi. Parfait… Je te ramène à la maison…

Ça, c'est ce que j'appelle un coup bas : ce n'est pas ma maison, c'est une prison, et je n'ai pas envie de rester dans cette prison un jour de plus, et encore moins un mois. J'aimerais me retourner pour dire ce que je pense à ce gardien, mais je me retiens. Je marche lentement vers mon unité, tête basse, et plus j'avance, plus je me sens envahi par la colère. Si je n'ai jamais été agressif de ma vie, c'est ici que je risque de le devenir.

▲▼▲

J'ai fait une gaffe. Une méchante gaffe. Je ne sais pas ce qui s'est passé, ou plutôt je le sais trop bien : il y avait ce pédopsychiatre qui me prenait pour un fou dangereux, cette juge qui ne voulait pas m'écouter et, pour couronner le tout, ce sourire fendant de Barbelé lorsque le gardien a refermé derrière moi la porte de notre unité. Barbelé n'a rien fait d'autre que de me regarder avec un air baveux, mais ça a suffi pour que la coupe déborde. Deux fils se sont touchés, et j'ai disjoncté. Je me suis précipité sur lui et je lui ai donné autant de coups que je pouvais en l'espace de vingt secondes. J'en ai aussi reçu un bon paquet : si j'ai eu le dessus au début, à cause de l'effet de surprise, je me suis vite aperçu que Barbelé savait se battre, et beaucoup mieux que moi. Si les gardiens n'étaient pas venus nous séparer, j'aurais mangé toute une raclée.

Ces quelques instants m'ont permis d'apprendre quantité de détails intéressants sur la vie dans un centre de détention. Quand on vous dit, par exemple, que les caméras de surveillance vous épient en permanence, c'est vrai. Quand on vous assure que les gardiens interviennent à la moindre incartade et que leurs interventions sont musclées, c'est tout aussi vrai. Enfin, quand on vous promet que ceux qui se battent font un séjour automatique dans une salle d'isolement, plus communément appelée le trou, c'est une promesse qui est respectée à la lettre.

Comme j'avais été l'agresseur, c'est moi qu'on a déshabillé et qu'on a enfermé, presque nu, dans une chambre matelassée. J'y ai passé douze heures. Douze heures sales et gluantes, qui m'ont paru en durer cent. Douze heures au cours desquelles j'en ai appris bien plus long sur mon compte que si j'avais lu des dizaines de rapports d'évaluation de mon profil psychosocial.

Chapitre 7

Les murs de la salle d'isolement sont entièrement matelassés, et ce n'est pas pour rien. Quand les gardiens m'enferment là-dedans après m'avoir déshabillé, j'ai le même réflexe que tant d'autres avant moi : je frappe. Je frappe fort, je frappe comme un fou, comme si les murs étaient des monstres, comme si j'avais autour de moi une armée de gardiens, de juges et de psychiatres. Quand la douleur devient plus forte que la rage, je m'écrase dans un coin et je pleure comme je n'ai pas pleuré depuis longtemps. Des rigoles d'eau salée me coulent jusqu'à la bouche, et je redécouvre le goût des larmes, depuis longtemps oublié.

J'ai pleuré souvent quand j'étais petit, mais plus jamais par la suite. Quand mon frère est mort, je n'ai pas versé une seule larme. Aussitôt que je sentais mes yeux se brouiller, je serrais les poings, et les robinets se fermaient. J'allais ensuite courir entre les pommiers, je montais des côtes sur mon vélo, je me fatiguais autant que je le pouvais, et les larmes finissaient par s'évaporer.

Mais maintenant elles coulent, et rien ne semble pouvoir les arrêter.

Je me relève, je frappe dans les murs, mais j'ai trop mal aux jointures pour que mes coups soient satisfaisants, et je n'arrive plus à imaginer que les murs se transforment en gardiens ou en psychiatres. J'ai plutôt l'impression de frapper sur Steve Charbonneau, et si faiblement que ça n'en vaut même pas la peine.

Je m'écrase dans un coin, et je recommence à pleurer.

Quand mes glandes lacrymales sont asséchées, je reste prostré, hébété, mou comme une guenille. Je n'arrive à bouger ni les bras ni les jambes, et je n'en ai aucune envie de toute façon. Je regarde dans le vide en ne pensant à rien, et ce n'est pas une façon de parler. Quand je dis *rien*, c'est vraiment rien : je ne vois rien, je n'entends rien, je ne sens rien, comme si j'étais plongé dans un profond coma.

Je ne sais pas combien de temps je reste dans cet état. Dix minutes, une heure, six heures ? Il n'y a aucun moyen de le savoir. Quoi qu'il en soit, j'ai ensuite l'impression de me réveiller. Je sens d'abord mes jointures et mes poignets – comment ai-je pu oublier cette souffrance ? –, mes jambes engourdies, mon dos endolori.

Je me lève, je m'étire, puis j'examine les lieux : des murs matelassés, un plancher recouvert de tuiles, un horrible plafonnier, protégé par un grillage de métal, et une porte, matelassée elle aussi, avec une petite ouverture destinée sans doute à me donner des repas ou des collations – ils ne vont quand même pas me laisser mourir de faim... Je regarde au-dessus de la porte : il n'y a pas de panneau EXIT, comme dans ma cellule. Ça fait une absurdité de moins, c'est encourageant.

Il y a aussi une toilette, dans un coin. Une cuvette en acier, sans couvercle, et qui ne contient pas d'eau. Ont-ils peur que je m'y noie ? Il n'y a pas non plus de papier. Peut-être que je pourrais l'avaler, on ne sait jamais. Je regarde le plafond, intrigué, et je finis par trouver ce que je cherchais : il y a une caméra dans chaque coin. Il y a donc un gardien, quelque part, qui me regarde.

Je retourne m'asseoir contre le mur, les mains entre les jambes, et je regarde le mur d'en face, là où j'étais assis, tout à l'heure, quand j'étais dans le coma. J'étais dans cette position-là, oui, exactement dans cette position-là, les jambes étendues devant moi, le dos appuyé au mur... J'arrive bientôt à imaginer un autre Steve, et j'ai même l'impression que nous pouvons nous parler, lui et moi...

— ... Parler de quoi ? me demande-t-il.

— De n'importe quoi, juste pour passer le temps. Tu as compris quelque chose au rapport du psychiatre, toi ? Qu'est-ce qu'il voulait dire, tu penses, avec son histoire de catharsis ?

— J'imagine que ça ressemble à ce qui se passe quand on regarde un film d'action : on se met dans la peau du héros, on donne des coups de poing, on descend des ennemis à la mitraillette, et ça fait du bien, ça libère…

— Ça vaut certainement mieux que de tuer pour de vrai…

— Le psychiatre n'avait rien contre la catharsis, si je me souviens bien. C'était plutôt l'idée du déplacement qui lui faisait peur.

— Ça, je peux le comprendre plus facilement : c'est l'histoire de l'employé qui déteste son patron et qui se venge en donnant des coups de pied à son chien…

— Ou du jeune délinquant qui en veut à ses parents, mais qui préfère casser des vitres…

— Crois-tu vraiment que Steve a deux personnalités ?

— Quel Steve ? Toi ou moi ? Ça commence à être mêlant…

— Nous deux, idiot. C'est comme quand on était petits et qu'on parlait avec notre ami imaginaire, tu t'en souviens ?

— Évidemment que je m'en souviens… Es-tu en train de me dire que le psychiatre avait raison quand il parlait de dédoublement ? Il y aurait deux Steve, un bon et un méchant ?

— Mais non, ça veut juste dire qu'on est capables de se parler. Tout le monde fait ça, non ?

— Comment savoir ? Mais revenons à Steve, et essayons de comprendre : son frère est mort, il éprouve un profond sentiment d'injustice, et il déplace sa colère vers le directeur de son école… Peut-être que le psychiatre a raison, après tout.

— Ce que je sais, c'est que nous n'avons tué personne ! Si nous avions appelé le directeur Robichaud au lieu de Patenaude et si nous lui avions imaginé une liaison avec une chèvre plutôt qu'avec une professeure de maths, nous ne serions pas ici.

— Tu as raison. C'est complètement absurde.

— Absurde, idiot, aberrant, stupide, illogique…

— Ça me fait penser à ces jeux débiles qu'on inventait pour passer le temps quand on était petits : il fallait nommer le plus grand nombre possible de fleurs, ou d'animaux…

— Ou de mots qui riment avec *illogique*… On continue ?

— On continue.

▲ ▼ ▲

Steve a parlé longtemps avec lui-même, ce jour-là.

Il a essayé de trouver le maximum de mots qui riment avec *illogique*, puis il s'est appliqué à faire des listes, pour passer le temps. Il a commencé par dresser le palmarès des gens qu'il détestait : l'ivrogne qui avait tué son frère figurait évidemment au premier rang, mais Steve a eu beaucoup de mal à ajouter d'autres noms. C'est difficile de vraiment détester quelqu'un, ou du moins de le détester longtemps. En cherchant un peu, il avait ajouté à sa liste les noms de Francis Fisette – un gars de sa classe avec lequel il avait eu des ennuis –, et puis un ou deux professeurs détestables, quelques gardiens, Barbelé... La liste était courte, et c'était plutôt bon signe.

Il a ensuite pensé à tous ceux qu'il aimait, et qui avaient été importants dans sa vie : ses parents, son frère, ses oncles et ses tantes, ses cousins et ses cousines, certains amis de ses parents, et même des employés de son père, avec qui il travaillait dans les pommiers, pendant l'été. Il avait ensuite pensé à Rémi, qui avait été son grand ami à l'école primaire et qu'il revoyait encore même s'il avait déménagé à Montréal, puis à ses amis d'aujourd'hui, Yan, Maude la Mauve, Catherine, sans oublier Roxanne, évidemment, mais il voulait se la garder comme dessert, et M. Vinet, et quelques autres bons professeurs, et même Steve Prince, tiens, quoiqu'il ne puisse évidemment pas dire qu'il le connaissait vraiment. Certains auteurs qu'on aime bien deviennent comme des amis ; c'est pareil pour les chanteurs, les musiciens, les comédiens…

La liste des gens qu'il aimait était longue, et ça aussi, c'était bon signe.

Il a ensuite fermé les yeux et il a imaginé un scénario : il roule à vélo sur de petites routes sinueuses bordées de pommiers. C'est le printemps – pourquoi pas ? –, les pommiers sont en fleurs, Steve respire profondément et il sent leur parfum sucré emplir ses poumons. Il s'en va chez Roxanne, et il se demande ce qu'elle pensera de son deuxième chapitre… Pourquoi ne pas essayer d'imaginer ce deuxième chapitre tout de suite ?

▲▼▲

Chapitre deux. Steve est dans le bureau du directeur, qui s'appelle maintenant M. Robichaud. Le directeur est affalé sur son bureau, et sa tête baigne dans une mare de sang qui n'en finit plus de s'étendre. Deux longues coulisses dégoulinent jusque sur le sol, où elles s'écrasent, goutte à goutte. Plic, plic, plic…

Réfléchis un peu, Steve : le directeur est mort d'un infarctus…

Steve regarde son Smith & Wesson, incrédule : il n'a pas tiré, comment se fait-il que… ? Il s'approche du bureau, soulève la tête du directeur et comprend aussitôt ce qui s'est passé : le directeur tenait un stylo dans sa main, un simple stylo Bic, et c'est ce stylo qui lui a traversé la tête.

Steve sent ses jambes flageoler. Il essaie de réfléchir, mais ses idées se bousculent : doit-il jeter son arme dans la corbeille et fuir à toutes jambes ? L'arme est couverte d'empreintes, ce serait idiot. Doit-il remettre le revolver dans son sac et rentrer tout bonnement chez lui, comme si de rien n'était ? Quelqu'un risque de le voir sortir, et il y a des caméras de surveillance… Cacher son Smith & Wesson dans son sac et appeler à l'aide ? C'est sûrement la meilleure solution. Il faut appeler à l'aide, et tout le monde croira que Steve a été témoin d'un accident. Mais pour cela, il faut avoir du cran, et Steve n'est pas certain d'en avoir autant. A-t-il d'autres choix ?

Au moment où il prend sa décision, Steve entend la porte s'ouvrir derrière lui. Il se retourne juste à temps pour apercevoir M. Béliveau, le professeur d'éducation physique, qui se rue sur lui pour le désarmer. Plutôt que de se raidir, Steve se laisse tomber sur le dos, en n'opposant aucune résistance. Il n'y a rien de calculé dans ce geste : Steve n'a simplement pas le temps de réagir, pas même par réflexe. Il ne s'est jamais battu, mais il a utilisé sans le savoir un des premiers principes des arts martiaux : quand l'adversaire est plus fort, il faut utiliser sa force et la retourner contre lui. M. Béliveau, emporté par son élan, continue sur sa lancée et va se fracasser la tête contre le mur.

Steve n'a entendu qu'un craquement sinistre. En se relevant, il voit que le professeur ne bouge plus. Un filet de sang coule de sa bouche. Cette fois, il n'y a plus qu'une solution : fuir à toutes jambes, le plus rapidement possible.

Steve range son Smith & Wesson avant de déguerpir. Il n'y a personne dans le corridor, personne non plus dans la grande salle, tout va bien. Il sort en trombe dans le stationnement, réussit à déverrouiller le cadenas de son vélo malgré son cœur qui bat à tout rompre, puis il donne les premiers coups de pédales qui lui permettront de s'enfuir loin de ce cauchemar.

Mais une voiture arrive dans le stationnement au moment où Steve le quitte. Le jeune homme a le temps de reconnaître Mme Paquette, disons, qui enseigne l'anglais en 3e secondaire. Si Steve l'a reconnue, elle risque de l'avoir reconnu aussi… Il n'hésite pas un instant : il fonce vers la voiture, obligeant la professeure à freiner brusquement. Il sort alors le revolver de son sac, insère très calmement des balles dans le barillet, puis il tire dans le pare-brise, qui éclate en morceaux. Le temps se fractionne alors en millions d'instants qui se gravent à jamais dans le cerveau de Steve, qui voit distinctement une des balles percer le front de l'enseignante et s'y enfoncer en tournant, comme un vilebrequin dans du bois mou.

Cette fois-là, Steve a vraiment tiré, il est responsable de la mort de Mme Paquette, et il n'en éprouve pas le moindre remords. Au contraire, il a éprouvé une véritable jouissance en tirant à bout portant sur cette enseignante. Steve est devenu un prédateur, un fauve, un tueur. Il est devenu son revolver. Maintenant qu'il a le goût de la violence, plus rien ne pourra l'arrêter.

▲▼▲

— Qu'est-ce que tu en penses, Steve ?

— Je ne sais pas si c'est une catharsis ou un déplacement, mais ça fait du bien de transformer ses colères en histoires.

— Beaucoup de bien. Et puis ça passe le temps. Et maintenant, qu'est-ce qu'on fait ?

— On avale notre pilule, comme dit papa, et on attend… Que veux-tu faire d'autre ? Ça ne sert à rien de se taper la tête contre les murs, on s'est déjà fait assez de mal comme ça… Mais tu sais quoi, Steve ? Je suis sûr qu'on va s'en sortir. Je ne sais pas comment, je ne sais pas pourquoi, mais je suis sûr que tout ça va bien finir. Ça ne peut pas faire autrement.

— C'est vrai qu'on ne peut pas tellement tomber plus bas.

— Premier objectif : survivre pendant le prochain mois. Il suffit de prendre les jours un après l'autre.

— C'est toujours comme ça qu'ils se présentent, de toute façon.

— Tu as raison. C'est comme quand on écrit un roman : une ligne à la fois. Pas moyen de faire autrement. Un jour à la fois, une heure à la fois, et surtout, surtout, rester calme. Pas question de réagir aux provocations de Barbelé, ni de qui que ce soit. Il faut obéir, encaisser, se confondre avec les murs.

— D'accord avec toi, Steve. Peut-être même qu'ils nous accorderont une fin de semaine de congé. Il faut se raccrocher à ça : une fin de semaine de congé, aller chez Roxanne…

— Si nous voulons passer inaperçus, il faudrait peut-être commencer par nous réunifier. S'il fallait qu'on soit deux à sortir d'ici, j'en connais qui se poseraient des questions.

— Bonne idée. Salut, Steve. Content d'avoir fait ta connaissance.

— Moi aussi.

Chapitre 8

Il est presque minuit quand Frankie me ramène à mon unité. Je ne marche pas trois pas devant mon gardien, cette fois-ci, mais à côté de lui. Plutôt que de me traiter comme si j'étais un criminel prêt à lui sauter à la gorge, il me parle comme si j'étais un être humain, et un être humain intelligent, en plus.

Il m'explique que les jeunes ont besoin de règlements, ici peut-être plus qu'ailleurs. Si les golfeurs avaient le droit de creuser des trous avec des bulldozers ou d'éliminer leurs adversaires en leur tranchant la gorge, ce serait peut-être intéressant, mais ce ne serait plus du golf. Ça prend des règles, on n'en sort pas. On ne peut pas non plus imaginer une société sans lois. Il arrive que les plus forts en profitent, c'est vrai, mais les lois protègent aussi les plus faibles, et ce sont justement les plus faibles qui en ont davantage besoin…

J'aurais tendance à être d'accord avec Frankie, même s'il me disait des niaiseries : ce n'est pas ce qu'il dit qui est important, c'est qu'il me parle et qu'il me traite d'égal à égal. Il y a des gardiens et des intervenants qui sont des imbéciles, mais il y en a aussi quelques-uns qui ressemblent à Frankie, heureusement. Des Frankie, j'en souhaite à tous les délinquants, petits et grands.

Frankie continue à me parler de sa conception de la justice jusqu'à ce que nous arrivions à mon unité et il me donne une bourrade amicale avant de me quitter, non sans m'avoir une fois de plus invité à faire partie de son équipe de volley.

Je vais tout droit dans ma chambre, je m'étends sur mon lit et je pense à ce que Frankie m'a dit à propos des lois et des règlements. Il en faut, c'est sûr, mais on a aussi besoin de rêver qu'on peut les transgresser, on a besoin d'endroits imaginaires où on peut faire ce qu'on veut. Si personne n'avait rêvé de déjouer les lois de la physique, personne n'aurait jamais pensé à inventer les avions. C'est pareil pour les lois humaines. Personne n'a le droit d'assommer quelqu'un à coups de poing, c'est vrai. À moins d'être boxeur ou joueur de hockey : dans ce cas, on vous donnera des trophées. Personne non plus n'a le droit de faire exploser tous les habitants d'une ville. À moins d'être directeur des effets spéciaux : dans ce cas, vous aurez droit à un Oscar. Quand c'est vrai, on vous jette en prison. Quand c'est faux, on vous donne des millions. Est-ce que c'est si compliqué à comprendre, madame la juge ? Et pourriez-vous m'expliquer pourquoi je trouve toujours mes arguments quand il est trop tard ?

Je finis par m'endormir en fixant le panneau EXIT, au-dessus de la porte, et je fais de très beaux rêves, dans lesquels il y a toujours ces lettres rouges en surimpression. Un jour à la fois, Steve. Et, dans un mois, EXIT.

▲▼▲

Quand l'horrible sonnerie électrique me réveille, le lendemain matin, j'ai le réflexe de sortir aussitôt de ma chambre pour aller manger, mais je m'arrête juste au moment d'ouvrir la porte : tu n'es pas dans un hôtel, Steve, mais dans un centre de détention. Et dans ton unité, c'est Ben qui mène. C'est facile à retenir : ça rime. Et la règle numéro un de Ben, c'est qu'il mange en premier. Les autres doivent attendre leur tour. Heureusement que je m'en suis souvenu à temps : si Barbelé, qui est mince comme un fil, a failli me donner une raclée, qu'est-ce que ce serait si Biceps s'y mettait…

J'attends donc mon tour, qui vient heureusement assez vite. Bébé vient bientôt frapper à ma porte et m'invite à aller m'asseoir à la table du chef.

Je comprends tout de suite qu'il y a eu un changement important dans la hiérarchie de notre groupe. Biceps est toujours le numéro un, cela va sans dire, mais Bébé est devenu le numéro deux. C'est donc lui le serviteur. Je ne sais pas encore quel est mon numéro, mais je devine que j'ai un statut particulier.

— Assis-toi là, me dit Biceps tout en engouffrant un énorme muffin trempé dans du lait.

J'obéis à mon chef, et Bébé vient aussitôt me verser un verre de jus d'orange. Très efficace, ce Bébé. Avec une serviette repliée sur le bras, il passerait pour un serveur stylé travaillant dans un grand hôtel. J'avale quelques gorgées tandis que Biceps, d'un claquement de doigts, ordonne à Bébé d'allumer sa puissante radio. Un rap infernal envahit aussitôt la pièce, si fort que des vagues se forment sur mon jus d'orange.

Biceps se penche vers moi et me parle à voix très basse, tout en jetant des regards furtifs aux caméras. Sont-elles vraiment munies de micros, comme semble le penser Biceps ? Je ne le sais pas, et peut-être que Biceps ne le sait pas non plus, mais il vaut mieux ne pas courir de risques.

— Écoute-moi bien, je ne répéterai pas deux fois. Coco avait pas d'affaire à te niaiser, ça fait que je lui ai réglé son compte. À partir de maintenant, tu as le droit de prendre tous les sachets de ketchup que tu veux. Tu comprends-tu ? Le ketchup, man, c'est à toi. À matin, tu viens avec moi au gym, je m'en vas t'en dire plus long.

Il claque encore une fois des doigts, et Bébé éteint la radio, puis il va cogner aux portes. Baseball vient bientôt nous rejoindre, suivi de Bleu, et enfin de Barbelé, que les autres appellent Coco, mais je vais continuer avec Barbelé, ce sera moins mélangeant. Dans l'état où il est, je gagerais que Barbelé n'arriverait pas à se rappeler son nom de toute façon. Il a les yeux pochés, les joues tuméfiées, les lèvres fendues, il marche en boitant et en se tenant les côtes. Il s'assoit difficilement, et il semble aussi avoir beaucoup de difficulté à boire son jus d'orange. Qu'est-ce qu'ils lui ont fait ? Comment s'y sont-ils pris pour le massacrer à ce point-là sans que les gardiens interviennent ? Je n'en ai aucune idée, mais la leçon est claire : il vaut mieux obéir à Biceps.

Nous mangeons en silence, puis le chef établit le programme de la journée :

— Aujourd'hui, c'est samedi, ça fait qu'y'a pas d'école. Moi, je m'en vas au gym avec l'écrivain. Ti-Coune va débarrasser la table et le nul va l'aider. T'es mieux d'être content, le nul. Ensuite, faites ce que vous voulez, mais personne touche au ketchup, compris ? Le ketchup, c'est pour Steve.

Je ne sais pas où Biceps veut en venir avec cette histoire de ketchup : je ne déteste pas en manger une fois de temps en temps avec mes frites, mais de là à en faire une obsession... Et s'il y a une chose que je ne comprends pas, c'est cette habitude qu'ont les Américains d'en répandre sur leurs œufs, le matin. Rien que de les voir, ça me lève le cœur. C'est ce que je serai bientôt obligé de faire, semble-t-il : en se levant de table, tout le monde sans exception me donne des sachets de ketchup, même Barbelé, qui travaille fort pour extirper son sachet de sa poche, et même Biceps, qui m'en offre une douzaine. Qu'est-ce que je vais faire de tout ça ? Je décide de les ranger dans le premier tiroir de ma commode. Si jamais j'ai une fringale, la nuit prochaine, j'en mangerai un sachet ou deux en rêvant d'un pâté chinois...

▲ ▼ ▲

Une heure plus tard, je me retrouve au gymnase avec Biceps. C'est un endroit vaste et clair, avec des poids et haltères, comme il se doit, mais aussi des ballons d'exercice, des espaliers, des vélos stationnaires ainsi que toutes sortes d'appareils plus sophistiqués les uns que les autres, et même des téléviseurs suspendus au plafond pour éviter qu'on s'ennuie en pédalant. Ajoutez à cela des puits de lumière, des plantes vertes, des moniteurs prêts à vous établir un programme personnalisé... Si les professeurs d'éducation physique de mon école voyaient ça, ils en crèveraient d'envie, eux qui n'ont à leur disposition que des filets déchirés et une demi-douzaine de ballons dégonflés. On se croirait dans un gymnase pour les riches ou dans un centre d'entraînement pour les astronautes. C'est étrange qu'on mette cet équipement à la disposition de jeunes délinquants, mais pourquoi pas, après tout ? Ici, au moins, ça sert à quelque chose.

— Assis-toi là, me dit Biceps en désignant un vélo stationnaire. J'vas te montrer comment ça marche…

J'ai bien besoin d'explications, en effet : le vélo est muni d'un capteur pour le pouls, d'une fiche pour brancher des écouteurs, et d'un écran sur lequel apparaissent des voyants lumineux et des chiffres étranges. D'après ce que je comprends, on peut en même temps gravir des côtes, changer les vitesses et simuler l'effet du vent, tout en s'amusant à des jeux vidéo…

— Je m'en vas te le mettre facile pour commencer, dit Biceps, vu que t'as pas l'air *top shape*. T'es-tu correct de même ?

Je ne suis peut-être pas *top shape*, comme dit Biceps, mais je sais me débrouiller sur un vélo, quand même… Je trouve bientôt un rythme qui me permet de ne pas trop m'essouffler, et j'ouvre grand mes oreilles.

— Icitte on peut parler en paix, m'explique Biceps en prenant place à ma droite et en commençant aussitôt à pédaler. T'es-tu content, rapport au ketchup ?

— … J'imagine que je devrais être content, mais je ne sais pas pourquoi. J'aime bien le ketchup, mais pas tant que ça…

— T'es pas mal innocent, man. Le ketchup, ça sert à faire de la robine.

— … De la robine ?

— T'es *vraiment* innocent, man ! De la robine, c'est de la boisson. C'est comme du vin, sauf qu'à la place du raisin, c'est du ketchup. Ça gèle en ostie. J'vas te présenter le gars qui en fait. Il va te donner deux cigarettes pour chaque sachet que tu vas lui apporter. C'est un bon deal : juste avec ce que tu as eu comme ketchup à matin, ça va te faire une trentaine de cigarettes…

— C'est correct, mais je ne fume pas.

— Parfait. Tu vas juste être plus riche. Moi non plus, je fume pas. C'est mauvais pour le cardio.

— Tu vas encore me dire que je suis innocent, mais qu'est-ce que je vais faire avec les cigarettes ?

Heureusement que Biceps n'est pas sur un vrai vélo, sinon il serait tombé dans le fossé, et j'aurais sans doute perdu à jamais mon principal allié. Il lève les yeux au ciel, puis il m'explique quelques vérités que tout le monde devrait connaître, mais qu'on ne nous enseigne jamais à l'école.

— Icitte, tu peux toute acheter avec des cigarettes. Quand je dis *toute*, ça veut dire toute. Pot, hasch, ecstasy, robine, porno, pipes, toute c'que tu veux… T'as quand même pas besoin que je t'explique c'est quoi une pipe, mon Steve ? T'es quand même pas innocent à ce point-là ?

— C'est correct, j'ai compris…

— Avec trente cigarettes par jour, ton affaire est ketchup... La pognes-tu ?

J'essaie de rire du mieux que je peux, et Biceps semble satisfait, puisqu'il continue son œuvre pédagogique.

— Une autre chose qu'y faut que tu saches, c'est que t'es mieux de faire attention quand tu prends ta douche. Icitte, toute se passe dans les douches. La dope, les pipes, les règlements de comptes, c'est là que ça se passe. Si j'étais toi, je viendrais au gymnase chaque matin avec mon chef préféré et je prendrais ma douche en même temps que lui. Comme ça, j'aurais pas de trouble. Pas besoin d'avoir peur, mon Steve, je suis pas fif. T'as-tu compris, man ?

— Compris.

— Tu te demandes-tu pourquoi je fais toute ça pour toi, Steve ?

Je savais bien qu'on en arriverait là, et j'avoue que ça me fait peur...

— C'est parce que t'écris des histoires, pis ça, c'est important. Les livres, ça dure longtemps, man, personne peut dire le contraire. Moi, j'ai pas de talent pour écrire, mais j'en ai en ostie pour m'entraîner. Qu'est-ce que tu penses de mon body, Steve ?

— … Il est très impressionnant. Je n'ai jamais vu quelqu'un d'aussi musclé…

C'est la vérité : je n'ai jamais vu quelqu'un d'aussi monstrueusement, d'aussi hideusement gonflé. J'ai juste remplacé gonflé par musclé, et j'ai enlevé les adverbes en trop.

— Merci. Ça fait que j'me suis dit que vous autres, les écrivains, vous devez chercher des sujets, des fois. C'est bien beau de savoir écrire, mais il faut avoir des choses à dire, *right ?*

— C'est vrai…

Mon intuition me dit que je suis condamné à être toujours d'accord avec Biceps.

— J'ai un deal pour toi, Steve : moi, je te raconte ma vie ; pis toi, tu m'écoutes. Peut-être que tu vas faire un livre sur moi, un de ces jours. T'es pas obligé, man, t'es pas obligé. Mais quand tu vas entendre c'que j'm'en vas te raconter, tu vas te dire que t'es chanceux en ostie de m'avoir rencontré. Que c'est que t'en dis, man ?

Qu'est-ce que j'ai à perdre ? Ma décision est prise, mais je fais quand même semblant d'y réfléchir pendant une minute, ce qui me donne le temps de lui poser deux questions très banales en apparence, mais qui risquent de changer ma vie.

— Penses-tu que je pourrais utiliser un ordinateur ? C'est parce que je suis habitué au traitement de texte, et…

— Pas de problème.

— Parfait. Et penses-tu que je pourrais avoir accès à Internet ? Je pourrais en avoir besoin pour faire des recherches…

— Pas de problème. Quand tu demandes quelque chose à Ben, tu l'as.

— Génial !

— … Ça veux-tu dire que t'acceptes ?

— C'est sûr que j'accepte.

— Parfait ! On commence tout de suite. Tu vas voir, tu le regretteras pas !

C'est ainsi que je deviens l'écrivain officiel de la cour de Biceps 1er : en échange de ma promesse de parler de lui un jour, Biceps s'engage à me combler de privilèges. Il va me protéger, me procurer un accès à Internet, m'accorder le monopole des sachets de ketchup… Jamais je n'aurais pensé qu'il serait aussi payant d'écrire.

Biceps se met alors à pédaler plus vite, et il commence aussitôt un interminable monologue qui me fait bientôt douter du bien-fondé de ma décision.

— C'est peut-être dur à croire, mais j'ai pas toujours eu le body que tu vois là. Quand j'avais douze ans, j'étais un *toothpick* dans ton genre. Sais-tu c'est quoi, mon secret ? La créatine, man, la créatine. Un milk-shake paqueté de créatine en me levant, un autre tout de suite après le cardio…

▲▼▲

— Bon, ça va faire de même, dit-il après avoir pédalé pendant une heure. C'était un bon réchauffement. Avant de passer aux poids, ça te dirait-tu d'aller téléphoner à quelqu'un que tu connais ?

— … J'ai le droit de téléphoner ?

— Quinze minutes par jour. Mais tu peux toujours acheter du temps aux autres. Ça te coûtera pas trop cher en cigarettes : y'a ben du monde ici-dedans qui a personne à appeler. Suis-moi, j'm'en vas te montrer c'est où, les téléphones.

▲▼▲

La cabine n'a pas de porte, et je suis surveillé par un gardien, mais c'est quand même une vraie cabine téléphonique, avec un vrai téléphone, un téléphone qui communique avec l'*extérieur*. Je n'ai qu'à appuyer sur quelques touches pour entendre les voix de mes parents, de Roxanne, de Yan ou de n'importe qui d'autre. Je pourrais même composer un faux numéro et tomber sur une voix électronique qui me dirait *votre appel est important pour nous*. Dans l'état où je suis, ça me ferait quand même plaisir.

Je reste là, le doigt levé, incapable d'appuyer sur la première touche. Je me sens comme un pygmée tout droit sorti d'une vieille bande dessinée raciste et qui n'aurait jamais vu un téléphone de sa vie. Moi peser sur boutons carrés et entendre voix de mes parents ? Toi sûr ? Ça pas possible, ça magie de sorcier blanc !

Réfléchissons : samedi matin, dix heures. À cette heure-là, d'habitude, mes parents lisent tranquillement leurs journaux, ensuite ils vont faire le marché... Mais est-ce que la vie continue vraiment en dehors d'ici ? Ça pas possible.

J'appuie sur les touches, et bientôt la magie du sorcier blanc opère.

— Maman ? C'est Steve.

Ça ne paraît pas quand on l'écrit, mais je n'ai pas la voix très assurée. Ça ressemblerait plutôt à ceci :

— Maman ? C'est Steve.

La magie du sorcier blanc a le même effet sur ma mère, semble-t-il :

— Steve ? C'est toi ? Mon Dieu ! Je... je ne suis pas capable de parler, je... je te passe ton père...

— Allô ? Steve ? Comment ça va, fils ?

— Je tiens le coup.

— Écoute-moi, Steve, on fait tout ce qu'on peut pour te sortir de là, tu m'entends ? On a engagé un avocat, et… je… je te passe ta mère…

— Allô, Steve ? C'est moi, c'est maman ! Est-ce que tu manges comme il faut, au moins ? Est-ce que tu réussis à dormir ? On a reçu des appels de M. Vinet, il n'arrête pas de téléphoner pour prendre de tes nouvelles, on a écrit à la commission scolaire, on a écrit au maire, on a téléphoné au député, on va te sortir de là, ne t'inquiète pas… Je… Je te repasse ton père.

— Il faut que tu tiennes le coup, Steve, on est derrière toi, tu m'entends, Steve, tu m'entends ?

Je l'entends très bien, même si j'ai du mal à lui répondre, et même si j'ai le vertige à force de ne pas comprendre ce qui m'arrive : est-ce que je suis vraiment ici, est-ce que je suis vraiment obligé de retourner faire des poids et haltères avec Biceps, est-ce que je suis vraiment condamné à passer mes journées à collectionner des sachets de ketchup et mes nuits à regarder EXIT au-dessus de la porte de ma chambre ?

Si j'étais chez moi, en ce samedi matin, je me lèverais tard, j'aiderais peut-être mon père à élaguer ses pommiers, je m'enfermerais ensuite dans ma cabane pour écrire une page ou deux, puis j'enfourcherais mon vélo pour aller retrouver Roxanne... J'écoute mes parents me parler, et j'ai l'impression d'entendre les oiseaux se disputer autour de la mangeoire, de sentir l'odeur des rôties qui sortent du grille-pain... Je ne suis pas certain que ce soit une bonne idée, le téléphone...

— Je ne peux pas vous parler plus longtemps... Je vous rappellerai demain à la même heure, d'accord ?

— Tiens bon, Steve !

— On t'aime, Steve ! (C'était la voix de ma mère, loin derrière.)

Je raccroche l'appareil, mais ce n'est pas aussi facile de me décrocher l'esprit.

Je prends quand même une bonne respiration et j'appelle chez Roxanne, en espérant de tout cœur tomber sur le répondeur. Un répondeur, c'est parfois mieux qu'une vraie voix. C'est souvent le cas quand on veut juste donner une information à quelqu'un qu'on n'aime pas trop, et c'est tout aussi vrai quand on appelle quelqu'un qu'on aime trop et qu'on est trop bête pour le laisser paraître.

— Vous êtes bien chez Denise, Michel et Roxanne. Laissez-nous un message, et…

— Roxanne ? Je… Je communique avec toi par le Net aussitôt que je peux, d'accord ? J'ai une histoire à te raconter à propos de Steve, et j'ai besoin de toi pour corriger mes fautes… J'espère que tu seras au rendez-vous. À demain, peut-être…

Chapitre 9

Salut, Rox. Dimanche soir, neuf heures. Enfin branché. J'espère que tu n'es pas loin, j'espère que tu es là, j'espère que tu veux bien avoir des nouvelles de ton prisonnier.

Je devine tout de suite les images qui défilent dans ta tête quand je parle d'un prisonnier, mais oublie ce que tu as vu dans les films. Je ne suis pas entouré d'armoires à glace tatouées ni de Hell's Angels qui me regardent de travers, et je n'ai pas besoin de surveiller mes arrières quand je prends ma douche. Je ne suis pas non plus vêtu d'un costume rayé, et plutôt que de casser des cailloux, je lève des poids dans un gymnase. Il n'y a pas de barreaux ni de miradors dans mon univers, pas de chiens policiers non plus, quoique certains gardiens mériteraient d'être réincarnés en dobermans...

Côté sports, le centre de détention est très bien équipé. Il y a un gymnase supermoderne, un centre d'entraînement... J'imagine que les autorités veulent que les jeunes se défoulent en tapant dans des ballons plutôt que sur les gardiens, et c'est une bonne idée. J'aimerais seulement que les mêmes autorités comprennent qu'on peut aussi bien se défouler en inventant des histoires...

Hier soir, je suis allé jouer au volley. Je ne suis pas très habile à ce jeu, mais avec un peu d'entraînement, je devrais tenir mon bout. J'aimerais bien faire partie de l'équipe : on s'entraîne chaque soir pendant deux heures, et ce sont des heures vite passées. Ici, tout ce qui fait passer le temps plus vite est le bienvenu.

Je travaille parfois sur le deuxième chapitre de mon roman, mais j'ai trop peur qu'un pédopsychiatre confisque mon disque dur et se mette à disséquer mes fictions. Je préfère que ça reste dans le disque mou qui est enfermé dans ma boîte crânienne. Je peux quand même te dire où j'en suis : aux dernières nouvelles, Steve a rejoint Jimmy. Ils habitent une jolie maison blanche, tout près d'une rivière, et ils font de la broderie en écoutant de la musique nouvel-âge...

Oublions Steve, oublions Jimmy. Puisque je n'ai pas le droit de faire de la fiction sans qu'on me prête les pires intentions, je vais te parler de la réalité. Peut-être que ça me fera du bien.

Autour de moi, il y a de jeunes délinquants qui ont encore bien des croûtes à manger avant de devenir des Hell's Angels crédibles. Ils ressemblent plutôt à des écureuils qui n'auraient rien mangé de l'hiver et qui n'auraient pas encore appris à exploiter les touristes japonais. Ils ont quatorze ou quinze ans, mais ils ont parfois l'air d'en avoir douze. Tu les croiserais dans un corridor de l'école et tu les trouverais petits pour leur âge. Mais en lisant la peur dans leurs yeux, tu penserais que cette peur est trop grande pour leur âge.

La seule exception, c'est Biceps 1er, qui est le chef incontesté de mon unité. Quand il a appris que j'écrivais des histoires, Biceps 1er m'a aussitôt offert sa protection. En échange, il me demande de faire de lui un personnage.

Drôle de type que ce Biceps. Je l'accompagne au gymnase chaque matin pour qu'il me raconte sa vie, et tout ce qu'il trouve à me dire se résume en un mot : créatine. Il paraît que cette poudre est géniale pour transformer la graisse en muscle, à condition évidemment de consacrer le reste de sa journée à lever des poids et le reste de sa vie à soigner son foie. J'ai passé presque deux journées entières avec lui, et il m'a raconté l'histoire de chacun des muscles de son dos…

Drôle de type que ce Biceps : ce qu'il tient à me raconter est d'un ennui mortel, alors que ce qu'il me cache serait mille fois plus intéressant. Pourquoi il a tué son père à coups de marteau, par exemple, et pourquoi il a ensuite mis le feu à sa maison, et pourquoi enfin il s'est livré à la police six mois plus tard, alors que personne ne le soupçonnait. C'est Baseball qui m'a raconté tout ça, après m'avoir fait jurer de ne jamais rien dire à personne, ce que je ne suis évidemment pas en train de faire : puisque j'ai changé les noms, je peux dire n'importe quoi, pas vrai ? Y compris la vérité...

Biceps parle donc de créatine, de créatine et encore de créatine, et c'est absolument assommant, mais je préfère être assommé par ses mots plutôt que par ses poings.

Mais rendons à Biceps 1er ce qui lui appartient : c'est en grande partie grâce à lui que j'ai découvert le ketchup.

Je n'ai pas viré fou, ne t'inquiète pas. Attends que je t'explique.

Ici-dedans, comme dirait Biceps, personne ne s'intéresse à la Bourse, mais tout le monde sait combien de sachets de ketchup il faut dépenser pour obtenir un paquet de cigarettes, et les cigarettes, c'est de l'or. Quand on a amassé suffisamment de sachets de ketchup, on va les vendre à un type qui s'appelle Bingo, disons. Bingo mélange le ketchup avec je ne sais trop quoi, il fait macérer son mélange je ne sais combien de temps et je ne sais où, mais ça finit par donner de l'alcool. Inutile de dire que je n'ai pas vraiment envie d'y goûter, moi qui ai déjà du mal à supporter le cidre de mon père... Il paraît que ça gèle en ostie, comme dit Biceps, et je n'ai pas de mal à le croire : hier soir, j'ai vu Bébé, un de mes colocs, en vider toute une bouteille... Il l'avait dissimulée dans les toilettes, pour déjouer les gardiens, et il a passé la soirée à s'imbiber. Quand je suis revenu de mon entraînement de volley, il avait le regard vitreux et il marchait en titubant. Il s'est même écroulé par terre, complètement sonné. Les autres ont alors réagi à la vitesse de l'éclair : ils l'ont relevé, puis ils sont allés le coucher dans son lit.

S'il avait fallu que les gardiens s'aperçoivent de quelque chose, Bébé était mûr pour une désintox, et ça, il paraît que ce n'est *vraiment* pas drôle, ni pour lui ni pour personne : quand les gardiens *soupçonnent* qu'il y a de la dope ou de l'alcool dans une unité, c'est la fouille complète. Il paraît que ça non plus, ce n'est vraiment pas drôle.

Biceps n'était pas là quand ça s'est produit. Il était au gymnase, comme d'habitude. Quand il est revenu à l'unité et qu'il a su ce qui s'était passé, il a aussitôt destitué Bébé de son statut de serviteur. C'est maintenant Bleu qui est chargé de servir le petit déjeuner de Biceps et de faire le ménage de sa chambre. Je sais que ça peut paraître étrange vu de l'extérieur, mais Bébé l'a très mal pris. Perdre le statut de serviteur de Biceps, c'est la pire des déchéances.

Maintenant, tout le monde a peur que Bébé pète les plombs : il paraît que lorsqu'il perd les pédales, il se rue sur tout ce qui bouge et qu'il peut tuer de toutes les manières possibles. Je tiens ces informations de Baseball, qui m'a aussi raconté que Bébé était alcoolique de naissance et qu'il avait agressé une douzaine de professeurs. Quand il est bourré de Ritalin, ça va. Mais quand on mélange Ritalin et alcool... Le truc, m'a fait comprendre Baseball, c'est de le faire boire beaucoup, et vite : c'est quand il est juste un peu saoul qu'il est dangereux.

Tout le monde pense que c'est Barbelé qui a dénoncé Bébé auprès de Biceps : Barbelé était serviteur en chef avant Bébé, et il n'a pas digéré que l'autre ait pris sa place.

Barbelé est un type visqueux et antipathique. J'ai eu un accrochage avec lui dès le premier jour, et je pense qu'il m'en veut encore. Il ne m'a jamais adressé la parole depuis ce temps-là, mais Baseball m'a raconté ce qui l'a amené ici : prostitution juvénile. Il a commencé par pratiquer le métier lui-même, puis il a compris qu'il était plus intéressant de devenir souteneur. Il est donc parti à son propre compte et il a développé un réseau qui comptait plus d'une douzaine de jeunes garçons. Ses anciens employeurs n'ont cependant pas aimé cette concurrence déloyale et ils l'ont dénoncé à la police. Barbelé a été arrêté, mais ses douze *employés* continuent de *travailler* pour quelqu'un d'autre...

Tu te rends compte, Rox? Je te parle d'un garçon de quinze ans qui n'a même pas terminé sa 2e secondaire. Barbelé avait un *réseau*, et ses *employés* étaient tous plus jeunes que lui...

Bleu vendait de la dope. Il n'en consommait jamais lui-même, pas fou, mais il avait une importante clientèle dans les écoles primaires de sa région. Bleu est un gars simple, souriant, pas compliqué, le genre de gars qu'on imaginerait facilement en agent d'assurances dans quelques années, et même en père de famille exemplaire, qui va à la messe chaque dimanche et qui s'implique dans sa communauté. Tu sais, ce genre de père de famille que personne ne soupçonne jamais, du moins jusqu'à ce qu'on apprenne qu'il se livre à des sacrifices humains ? Une sorte de Jimmy, en quelque sorte, avant que celui-ci se mette à la broderie...

Le dernier, c'est Baseball, celui qui m'a raconté tout ça, celui aussi qui m'a permis de me brancher sur le Net. Ce n'est pas si compliqué, soit dit en passant. C'est même encouragé. Ici, tout le monde est incité à terminer ses études secondaires (et parfois primaires...). Comme personne n'est au même niveau, tous les cours sont individualisés, et la formation par Internet est fortement encouragée. Il y a donc des salles d'ordinateurs bien équipées et des conseillers techniques qui me semblent hypercompétents pour réparer des ordinateurs, mais archi-nuls pour en expliquer le fonctionnement.

Baseball, lui, est le genre de gars qui peut dire n'importe quoi en n'utilisant que deux mots : crisse et ostie. C'est ce qu'on appelle le langage binaire. Ça ne l'empêche pas d'avoir les capacités d'un ingénieur en informatique et de n'avoir aucun mal à se faire comprendre. C'est lui qui m'a donné le truc pour effacer nos communications au fur et à mesure, afin que personne ne puisse les intercepter. D'après lui, c'est plus sûr que le téléphone. J'espère qu'il dit vrai. C'est lui aussi qui m'a montré à enlever les filtres qui nous empêchent de consulter les sites pornos. Ils sont assez primitifs, paraît-il, et se contentent d'éliminer toutes les images sur lesquelles il y a un trop fort pourcentage de peau. Comme le système est basé sur la *couleur*, il élimine en même temps tous les sites où il est question de pouding au tapioca ou de biscuits feuille d'érable. Le truc, d'après Baseball, c'est de transformer toutes les vedettes porno en Schtroumpfs et en Schtroumpfettes, puis de leur redonner leurs couleurs d'origine. Il était prêt à me faire une démonstration, mais son tarif était trop élevé : douze sachets de ketchup, c'est cher payé pour quelque chose que mon imagination produit gratuitement.

J'ai évidemment demandé à Baseball de me raconter ce qui l'avait amené ici. Il m'a alors lâché une interminable liste de blasphèmes entremêlés de propos scatologiques à laquelle je n'ai pas compris grand-chose, sinon qu'il se croit victime d'une gigantesque machination.

Ce sont donc là mes compagnons d'infortune : Biceps, assassin bouffeur de créatine; Barbelé, souteneur pédophile; Bébé, caractériel agressif et alcoolique; Bleu, pusher de cours d'écoles; Baseball, paranoïaque fini, amateur de porno et informaticien. Le sixième membre du groupe, c'est moi, Steve Charbonneau, condamné... pour quoi, déjà ? Tendance psychotique dissociative ? Fiction abusive ? Quoi qu'il en soit, il paraît que je suis un danger pour la société...

J'en saurai peut-être plus long à ce sujet dans trois jours : je dois rencontrer ce cher docteur Poirier mercredi après-midi, à trois heures vingt... Trois jours à attendre. Trois interminables jours. Mon psy était pressé de me faire enfermer, mais il n'a pas l'air aussi pressé de me rencontrer... J'en ai parlé à Frankie, qui m'a assuré que c'était un délai normal et que j'étais même chanceux de le voir si vite dans ce contexte de coupures budgétaires.

Tu sais quoi, Rox? Je commence à en avoir plein mon casque d'entendre parler de coupures de budget. À l'école, c'est toujours la même chose. Le gymnase est mal équipé? Coupure de budget. Le plafond du laboratoire de chimie tombe en morceaux, pas moyen d'ajuster le chauffage, pas de livres à la bibliothèque? Coupures de budget... J'ai parfois l'impression que toutes ces histoires de coupures de budget, c'est juste une formule creuse que les adultes utilisent quand ils ne veulent pas prendre leurs responsabilités.

Je dois donc attendre encore trois jours avant qu'on m'explique de quelle maladie psychosociale je souffre, et en quoi ce séjour dans un centre de détention est supposé m'aider à guérir.

Espérons au moins que le rendez-vous durera plus de dix minutes. J'en ai long à lui dire, moi, au docteur Poirier.

En attendant de pouvoir discuter avec un psy (il paraît que ça vaut une fortune), je suis logé et nourri (pas si mal, dans les circonstances, quoique l'ambiance de la cafétéria soit plutôt stressante), je profite d'installations sportives dernier cri, j'ai accès à Internet et je peux accumuler une fortune en ketchup. Je suis choyé, non ? De quoi je me plaindrais ?

Tu sais le pire, Rox ? Le pire, c'est qu'il m'arrive de le penser vraiment. Pas souvent, et ça ne dure jamais longtemps, mais ça m'arrive quand même, par bouffées. Un smash réussi, au volley-ball. Le moment précis où je trouve mon second souffle, sur le vélo stationnaire, et où j'ai le sentiment de rouler pour de vrai, de rouler dehors, à l'air libre... Il y a de petits moments d'oubli, et même de joie, et j'essaie de m'y accrocher. Ça m'aide à supporter le regard de Barbelé, les remarques blessantes de certains gardiens, la sonnerie qui nous réveille chaque matin... J'essaie de m'accrocher à ces petits moments. J'essaie d'avaler ma pilule, comme dit mon père, même si elle est vraiment amère.

Ce qui m'aide encore plus, c'est de penser à ce que Biceps m'a dit à propos des téléphones : *Y'a ben du monde ici-dedans qui a personne à appeler.* C'est d'ailleurs le cas de Biceps, qui m'a cédé gratuitement tous ses droits d'appels. Il n'a personne à qui téléphoner. Absolument personne. Sa famille, c'est nous. Sa maison, c'est ici…

Quand j'y pense, je me sens *vraiment* choyé.

Merci d'être là, Roxanne.

Écris-moi, écris-moi vite, parle-moi de toi, de tes histoires, de l'école, de ta chambre, de ta mère, de ta vie, de n'importe quoi, mais écris-moi.

Ton prisonnier,

Steve

Chapitre 10

Lundi soir, neuf heures.

Je n'ai que deux choses à te dire, Roxanne, mais je vais te les dire souvent. La première, c'est mille fois merci, et la deuxième, c'est que tu as mille fois raison.

Merci d'avoir répondu si vite et si longuement, merci aussi pour les bonshommes. J'ai appris à en faire moi aussi, regarde : ☺ ☺ ☺. C'est Barbelé qui m'a montré le truc, moyennant quelques sachets de ketchup.

Merci pour les bonshommes, et merci aussi de ne pas en avoir abusé. Je préfère les vraies phrases avec de vrais mots. J'ai reçu un courriel de Yan qui était presque totalement rédigé en texto. Les quelques vrais mots étaient bourrés de fautes, pas toujours volontaires. J'essaie encore de le déchiffrer... Il a quand même réussi à me faire rire, ce bon vieux Yan, et ça m'a fait du bien.

Merci aussi pour ta longue liste de suggestions concernant les chapitres suivants. Ma préférée, c'est celle où Steve et Jimmy élèvent des canaris et leur montrent à chanter des valses de Strauss. Je retiens aussi l'idée de la peinture par numéros, le soir, au coin du feu. Ils pourraient ainsi trouver de nouveaux motifs de broderie et renouveler leur inspiration.

Ne crois-tu pas que ce serait un peu trop violent, cependant? Des jeunes pourraient lire ces chapitres, et ça pourrait leur donner des idées morbides, on ne sait jamais. Pire encore, ils pourraient tomber dans les pattes d'un psychiatre qui en tirerait des conclusions tordues : deux hommes qui habitent ensemble dans un chalet isolé et qui font des travaux d'aiguille au coin du feu... Qu'est-ce qui peut bien se cacher sous cette symbolique?

Il n'y a aucune trace de ton courriel sur le disque dur de mon ordinateur, rassure-toi. J'ai cependant pris le temps de faire une copie de sauvegarde dans mon cerveau, et une autre dans mon cœur, mais celle-là est dans un langage différent, qu'aucun informaticien ne déchiffrera jamais.

Merci aussi de m'avoir donné des nouvelles de l'école. Yan m'a parlé de l'absence de M. Vinet et des questions que tout le monde se pose à son sujet : dépression, démission, destitution, révocation, démolition ? Je m'attendais à ce que M. Vinet lui-même me donne des nouvelles, mais je n'ai rien reçu. J'avoue que je suis déçu.

Maude a-t-elle vraiment écrit une lettre à l'Union des écrivains ? Quelle drôle d'idée ! Comme si de vrais écrivains pouvaient s'intéresser aux bêtises d'un jeune de seize ans ! Dis-lui plutôt de convaincre sa mère de ne pas alerter les journaux, je t'en supplie. Ce n'est pas une bonne idée de jeter de l'huile sur le feu, les gens vont se braquer sur leurs positions ; et puis je n'ai vraiment pas envie de devenir une vedette, et surtout pas ce genre de vedette-là. Je ne veux pas être une victime et me faire prendre en pitié, je n'ai pas envie non plus d'être un symbole de je ne sais trop quoi. Si je deviens célèbre un jour, j'aimerais que ce soit pour quelque chose que j'ai fait plutôt que pour quelque chose que j'ai subi.

Merci encore une fois pour tes commentaires sur mon courriel. Je suis bien obligé d'admettre que tu as raison, comme toujours : quand j'utilise nos amis de l'école pour en faire des personnages, j'ai souvent tendance à exagérer leurs traits (comment vont nos deux gothiques, au fait?). Mais j'ai fait le contraire avec mes colocs, tu as raison : j'ai exagéré par en bas, si tu vois ce que je veux dire. J'ai dédramatisé, voilà, c'est le mot. Je ne l'ai pas fait pour te rassurer, comme tu sembles le penser, ou alors c'était inconscient. Tant mieux si mes descriptions t'ont arraché quelques sourires, mais je les ai faites d'abord pour moi, pour survivre le mieux possible, pour voir les choses différemment. L'humour, ce n'est pas seulement une question de politesse. C'est surtout une affaire de liberté.

Et maintenant, voici une nouvelle série de bonshommes pour couronner ces propos philosophiques : ☺ ☺ ☺ ☺ ☺. Et en voici un autre pour commenter ce qui t'arrive : ☹...

Moi qui pensais que ce serait bientôt fini... Pourquoi est-ce si long, si compliqué ? Quand tu me parles de ce nouvel appareil qui tient ta jambe emprisonnée, j'ai l'impression que tu me décris un instrument de torture... Si les médecins se sont trompés la première fois, ils peuvent se tromper dans l'autre sens, non ? Qui sait s'ils ne te diront pas le mois prochain que tu n'en as plus que pour six mois plutôt que pour deux ans ?

Prends patience, bonne chance, un jour à la fois... Qu'est-ce que je peux dire de plus que tu ne saches déjà ? Je te le dis quand même, et je pense à toi. Tout ça finira bien par finir, nous sortirons tous les deux de nos prisons, et alors ☺ ☺ ☺ ☺ ☺ ! (Je commence à y prendre goût, à ces petits bonshommes... Au prix que ça m'a coûté en ketchup, aussi bien en profiter.)

Drôle de coïncidence que ton rendez-vous chez le spécialiste tombe le même jour que ma visite chez mon psy. Je penserai à toi, c'est promis, et tu penseras à moi, toi aussi. Peut-être que nos pensées se rejoindront dans l'hyperespace, et peut-être que nous y trouverons un truc pour faire passer les jours par paquets de dix...

J'essaie de me préparer pour ma visite chez le psy, mais je ne sais vraiment pas quoi penser. Va-t-il me demander de m'étendre sur un divan, comme dans les films ? Va-t-il s'endormir pendant que je lui parle ? Sera-t-il plus fou que les plus fous de ses patients et me recevra-t-il avec une main dans son veston et un entonnoir sur la tête ? Sera-t-il plutôt du style savant échevelé manipulant des cornues et des éprouvettes débordant de fumée bleue ?

Je déconne, mais ça m'inquiète pour de vrai. Je déconne *parce que* ça m'inquiète pour de vrai.

Je n'ai rien contre les psys, au contraire. Ma mère a suivi plusieurs thérapies, et ça lui a fait le plus grand bien. Quand mon frère est mort, j'ai rencontré le psychologue de l'école et je l'ai trouvé gentil, même s'il n'a pas pu m'aider beaucoup. Il faut dire que la consultation ne durait que vingt minutes et qu'il en a passé la moitié à m'expliquer qu'il ne disposait que d'une demi-journée par semaine pour notre école, où il doit s'occuper de cas autrement plus urgents que le mien. Il m'a quand même écouté, et le peu qu'il m'a dit a réussi à me faire du bien.

Mais un psychologue, ce n'est pas vraiment sérieux. Je vois les psychologues comme de gentils garçons qui sont restés trop longtemps chez les scouts et qui se sont formés en lisant des magazines féminins. Un psychiatre, c'est quand même autre chose. Les psychiatres ont étudié à l'université pendant des siècles, ils ont disséqué des cerveaux, ils ont traité de vrais fous comme on n'en montre même pas dans les films parce que ça ferait trop peur. Et le docteur Poirier est encore plus spécialisé que les psychiatres ordinaires, puisqu'il est pédopsychiatre. Quel mot affreux ! On ne peut pas faire autrement que de penser qu'il est un peu pédophile sur les bords...

Et s'il avait raison, Roxanne ? Supposons que ce pédopsychiatre ait détecté un germe de folie en moi, un petit virus de rien du tout qui ferait des ravages partout, une bactérie mangeuse de rêves, un microbe de destruction massive ? Si on peut enlever un petit cancer avec un bistouri, peut-on enlever une petite folie rien qu'avec des mots ?

Je ne sens pas que je suis fou, je ne me sens pas malade, je suis à peu près certain que je n'ai rien à faire ici, mais tous mes colocs peuvent en dire autant : à l'exception de Biceps, tous mes compagnons se croient injustement enfermés, tout le monde se pense victime d'une machination.

Ça me fait peur, Rox. J'ai peur que le docteur Poirier fouille dans mon âme et qu'il découvre des choses que je ne connais pas moi-même. Peut-être qu'il y a des foyers de haine en moi, et peut-être qu'ils produisent des métastases… Peut-être qu'il faut m'enfermer, peut-être qu'il n'y a rien à faire…

Plus j'y réfléchis, plus je me dis qu'il vaut mieux suivre le conseil de Frankie : dire la vérité, le plus honnêtement, le plus sincèrement possible. Je ne ferais qu'aggraver mon cas en essayant d'entourlouper le docteur Poirier ou en me braquant dans le silence. Ce gars-là est plus fort que moi, et il en a vu d'autres. Je jouerai cartes sur table, on verra bien ce que ça donnera.

Il faut maintenant que je te laisse, très chère geôlière : c'est bientôt le couvre-feu, et Biceps 1er ne supporte pas l'indiscipline.

À +

Chapitre 11

Mardi soir, neuf heures trente.

Je devrai faire vite aujourd'hui : plus que trente minutes avant le couvre-feu. C'est à cause du volley-ball. Frankie m'a laissé jouer dans son équipe pour un match, histoire de me tester. Je n'ai pas été la vedette, loin de là, mais je me suis quand même débrouillé, et j'en suis fier. J'étais tellement concentré sur le ballon que je n'ai pas vu le temps passer. Si jamais je suis choisi dans l'équipe, j'aurai au moins trois heures de grâce par jour : deux pour le volley, plus celle que je te consacre. Je n'ai peut-être pas encore trouvé le moyen de faire passer les jours par paquets de dix, mais c'est ce qui s'en rapproche le plus.

J'avais plein de messages dans ma boîte de réception, aujourd'hui, et ça m'a fait du bien. Maude m'a envoyé des petits bonshommes et des mots d'encouragement, Yan m'a fait parvenir des adresses Internet de sociétés spécialisées en grossissement de pénis, et j'ai même reçu un courriel de M. Vinet, qui me disait de ne pas lâcher et de garder le moral. Il n'a rien dit sur lui, il n'a pas expliqué son absence de l'école, il n'a rien dit non plus à propos du directeur... Décevant.

Et puis ton message, heureusement. Mille fois merci, encore une fois, et tu as mille fois raison, comme toujours.

Merci de m'avoir rassuré : je ne suis pas plus fou qu'un autre, c'est vrai, et je n'ai commis aucun crime, tu as bien fait de l'écrire en caractères gras. Je suis entouré de jeunes qui ont tué, qui ont vécu des fruits de la prostitution, qui ont vendu de la drogue... Je n'ai rien fait de tout ça, j'ai seulement imaginé des personnages. Quelqu'un va finir par s'en apercevoir, c'est sûr...

Ici, rien de bien nouveau. Ce matin, entraînement cardio avec Biceps, qui m'a raconté la passionnante histoire de ses abdominaux inférieurs. Ensuite, j'ai fait une pause-téléphone, comme chaque matin. C'est toujours le moment le plus pénible de la journée. J'essaie de dire à mes parents que tout va bien et que je me sens parfois comme dans un camp de vacances (ce qui est vrai, en un sens, à condition de préciser que je déteste mon camp de vacances), mais ils ne sont pas dupes, et moi non plus.

Mon père me parle de l'avocat qu'il a engagé pour me défendre, mais je n'aime pas cette idée : un avocat, c'est pour les coupables, et je ne me sens pas coupable. Tout juge intelligent devrait me libérer, j'en suis convaincu. Et s'il n'est pas intelligent, ce ne sont pas les belles paroles d'un avocat qui vont changer quelque chose.

Mes parents tiennent quand même à cette idée d'avocat, et il paraît que je ne peux pas m'opposer à leur décision : je suis mineur, et un mineur ne peut pas décider par lui-même s'il a besoin d'un avocat. Mais la société a le droit de jeter ce mineur en prison, à condition de proclamer que c'est pour son bien et d'appeler cette prison un centre de détention.

Après le téléphone à mes parents, je suis retourné au gym pour une séance de musculation. Biceps essaie chaque fois de me convaincre de bouffer de la créatine, mais je refuse. J'ai bien trop peur de ressembler au bonhomme Michelin.

Ma séance de musculation terminée, j'ai demandé de visiter la bibliothèque. C'est une petite salle de rien du tout, sans fenêtres, avec une centaine de livres défraîchis dont personne n'aurait voulu dans une vente de garage. Je crois qu'il y en avait davantage à la bibliothèque de mon école primaire, et c'était vraiment une bibliothèque minable. Le surveillant est un gardien qui approche de la retraite et qu'on a parqué là en attendant. J'ai quand même fouillé un peu, et devine ce que j'ai trouvé ? Un recueil de nouvelles de Steve Prince ! J'en ai pris bonne note : ça pourra me servir d'argument, le jour du procès…

À midi, dîner à la cafétéria. Est-ce que je t'ai déjà dit comment ça se passe ? Imagine une cafétéria de polyvalente, mais en plus discipliné. Ici, personne ne court, personne ne crie. On a le droit de parler, mais à voix basse. Comme les gardiens veulent tout contrôler, ils se promènent continuellement entre les rangées, les mains dans le dos, l'œil inquisiteur. Certains d'entre eux s'amusent à provoquer les jeunes, c'est du moins la seule explication que je vois à leur comportement : ils choisissent un garçon au hasard, souvent parmi les plus tranquilles, et ils lui disent de parler moins fort, ou de cesser de rire, ou alors de faire moins de bruit avec la vaisselle, n'importe quoi. Si le jeune fait mine de protester, ils l'envoient dans sa chambre. Si le jeune ne répond pas, ils l'accusent de se montrer impoli et ils l'envoient dans sa chambre... Pas moyen de savoir ce qu'ils veulent. D'après Bébé, ils font des paris entre eux : celui qui renvoie le plus de jeunes dans leur chambre gagne un billet de loterie...

Parlant de loteries, j'ai appris que certains gardiens arrondissent leurs fins de mois en vendant des billets de 6/49 aux jeunes moyennant une prime de dix pour cent. J'ai aussi appris qu'il y avait un trafic de billets *usagés*. Certains jeunes s'en servent pour jouer à un jeu de hasard dérivé du poker. Bleu a essayé de me l'expliquer, mais je n'y ai rien compris. Pour clore le chapitre des jeux de hasard, voici une nouvelle renversante : tous les mardis et jeudis soir, il y a des bingos. C'est Biceps qui m'en a parlé, et il m'a répété dix fois plutôt qu'une que ces soirées sont très courues et qu'il ne manquerait pas ça pour tout l'or du monde. Je répète : des bingos...

Les lundis, mercredis et vendredis, il y a des soirées cinéma. On ne nous présente jamais de films de sexe, évidemment. Les seins nus, c'est immoral. Mais des tueurs en série qui mangent des cadavres, des guerriers qui décapitent leurs adversaires à coups de sabre, des débiles qui se poursuivent en auto, c'est correct. J'ai noté les titres des films dans mon calepin. Comme tu le vois, je ne rate pas une occasion de trouver des arguments en ma faveur.

Nous mangeons donc en parlant à voix basse, tout en échangeant discrètement des billets de loterie usagés, des sachets de ketchup, des photos pornos et des cartes de Pokémon (c'est une blague).

Après le dîner, j'ai rencontré un professeur qui m'a fait passer toutes sortes de tests au cas où mon séjour se prolongerait. Si jamais ça arrive, m'a-t-il expliqué, il pourra me montrer plein de sites Internet qui me permettront de réviser tout seul, et il sera toujours là pour m'aider. *Pour m'aider*... Ici, tout le monde dit ça. À entendre les intervenants, on pourrait croire que leur salaire ne les intéresse pas. Ils sont ici pour aider, uniquement pour aider... Je ne demanderais pas mieux que d'étudier : les professeurs ont l'air mille fois plus sympathiques que les gardiens, et je ne me vois pas tellement passer mes soirées au bingo...

Au souper, retour à la cafétéria. C'est toujours la même chose : les trafics, les provocations des gardiens, celles des jeunes...

En rapportant mon plateau, je me suis aperçu que Barbelé me suivait de près et qu'il me chuchotait des mots doux à l'oreille... Ce gars-là aurait fait fortune comme ventriloque : il pouvait me balancer les pires insultes sans qu'il y paraisse, et avec le sourire, par-dessus le marché. La tactique est habile : comme j'étais le seul à pouvoir l'entendre, j'aurais été perçu comme l'agresseur si je m'étais retourné pour lui sauter au visage. Mais j'ai résisté.

Je suis plutôt allé au gymnase, où j'ai tapé de toutes mes forces dans le ballon, et me voici enfin, à te parler, ou plutôt à t'écrire... Je pourrais te téléphoner, c'est vrai. J'y arriverai peut-être, un jour. Mais pour le moment, je préfère écrire. Ça nous ressemble plus. Nous n'avons jamais été portés sur le téléphone avant, pourquoi est-ce que ça changerait?

Avant... Ça me fait drôle d'écrire ce petit mot si banal. Il y a *avant*, et il y a *après*. *Avant* que la mère de Catherine téléphone au directeur et que je me retrouve ici, et *après*, cet *après* qui arrivera certainement un jour, et où je pourrai te retrouver. En attendant, c'est *maintenant*, et ce maintenant n'en finit pas de ne pas finir.

Chapitre 12

Mercredi soir, neuf heures.

Ça y est, c'est fait. J'ai rencontré le docteur Poirier.

Il m'a reçu dans un bureau anonyme qui aurait tout aussi bien pu se trouver dans une caisse populaire. Pas de masques africains sur les murs, pas de tête de mort sur le bureau, pas de divan, pas même un diplôme de psychiatre sur le mur. Une plante verte, un bureau, deux fauteuils, c'est tout. Mais la consultation n'a pas duré dix minutes, comme je le craignais. Le docteur Poirier a pris son temps. Et il m'a écouté. Même qu'il n'a fait que cela pendant deux heures.

Il m'a invité à m'asseoir dans un des fauteuils et il est allé s'installer derrière le bureau. Il a posé ses coudes sur ce bureau, il a joint ses mains comme pour faire une prière, puis il a relevé ses index, et ses mains ressemblaient à une église. Il a dissimulé son gros nez derrière le clocher de cette église, et il m'a regardé longtemps sans rien dire, comme s'il m'examinait.

J'en ai profité pour l'examiner à mon tour. Une quarantaine d'années, sans barbe ni moustache ni lunettes, une figure ronde, de petits yeux... Le genre d'homme qui pourrait tout aussi bien être comptable, ou concierge, ou vendeur de meubles. Si nous étions au premier jour de classe et qu'il se présentait comme notre nouveau prof de maths, tout le monde se dirait que l'année allait être longue. Tout le monde lui obéirait, cependant, même Yan : c'est le genre de prof à ne pas se trouver intéressant lui-même, mais qu'on est tout de même porté à écouter. Ennuyant, mais compétent.

Quand il a enfin ouvert la bouche, il m'a dit qu'il était là pour m'aider. Je n'ai rien répondu, je crois que ça valait mieux.

Il m'a ensuite demandé pourquoi j'étais là, et je me suis mis à parler, parler, parler… Ce gars-là a un truc, c'est sûr : sa voix est étonnamment basse, et comme son nez est caché derrière le clocher de son église, on ne voit que ses yeux, de petits yeux qui hypnotisent; la première chose qu'on sait, c'est qu'on dit exactement ce qu'il veut entendre.

Je lui ai d'abord parlé des histoires que j'inventais, et qui étaient dix fois moins violentes que certains romans d'horreur pourtant disponibles à la bibliothèque du centre de détention, et cent fois moins que certains films classés pour tous. Ma seule erreur avait été d'emprunter les noms de certaines de mes connaissances sans leur demander la permission, ce qui avait pu en blesser quelques-uns. Je convenais que c'était une erreur et j'étais prêt à m'en excuser, mais cela ne méritait certainement pas qu'on m'enferme avec des criminels.

Le docteur Poirier me regardait d'un air ennuyé, comme si je perdais mon temps à lui dire des choses qu'il savait déjà depuis longtemps. J'ai donc changé mon angle d'approche, et je lui ai raconté ce curieux rêve que tu as fait quand les médecins ont emprisonné ta jambe dans un appareil : tu rêvais que tu faisais du jogging, toi qui n'as pourtant jamais été portée sur les sports. Je lui ai dit qu'écrire, pour moi, c'était pareil : ça permet à l'esprit de s'envoler, ça fait du bien, et ça semble faire du bien aux lecteurs, puisque plusieurs de mes amis aiment lire mes histoires, c'est du moins ce qu'ils me disent.

Le docteur Poirier semblait un peu plus intéressé, mais il a quand même haussé les épaules, comme si cela n'avait rien à voir avec le fait que je me retrouvais devant lui.

— Imagine que tu sois devant une feuille blanche, Steve. Imagine que tu écrives la suite des aventures de Jimmy... Qu'est-ce que tu ressens, Steve ? Je suis ici pour t'aider, Steve... Dis-moi ce qui te passe par l'esprit quand tu écris, Steve...

La première chose qui m'est passée par l'esprit, c'est que je déteste qu'on s'adresse à moi en répétant mon prénom à la fin de chaque phase. Je trouve que c'est agressant, même si c'est prononcé de façon doucereuse. Mais j'ai haussé les épaules à mon tour, et j'ai répondu à sa question le plus sincèrement possible, comme je l'aurais fait avec un ami, comme je l'ai fait si souvent avec toi.

Je lui ai dit que la plupart du temps, je ne savais pas ce que j'allais écrire quand je m'installais à ma table de travail. J'essaie d'abord de me mettre dans un certain état d'esprit et d'accueillir tout ce qui se présente dans ma tête sans porter de jugement. J'écris alors des phrases comme elles viennent, sans trop y penser, et sans m'occuper de la logique ni de l'orthographe. Quand tout va bien, je me sens bientôt transporté dans un autre monde, dans une bulle en dehors du temps, et les phrases se mettent à sortir facilement, comme le fil du ventre d'une araignée.

— Une araignée...?

J'étais content d'avoir trouvé cette comparaison, content également que le docteur Poirier la trouve intéressante, lui aussi. (J'ai compris plus tard que c'était juste un truc pour me faire parler : il répétait toujours les derniers mots de ma phrase en fronçant les sourcils, et je me sentais chaque fois obligé de m'expliquer.)

J'ai donc repris l'exemple de l'araignée qui tisse sa toile sans consulter de plan et sans trop y penser, en utilisant au mieux son environnement; sa toile finit par tenir le coup, et parfois même par être très belle. L'araignée n'a plus alors qu'à attendre ses proies...

— Ses proies...?

Il essayait de me faire préciser ce que je voulais dire, mais comme je n'y avais jamais vraiment réfléchi, c'était assez difficile, d'autant plus que ma comparaison était boiteuse : si l'araignée veut capturer des mouches, c'est pour s'en nourrir. Mais l'écrivain veut-il dévorer ses lecteurs? Il veut les captiver, mais pas les capturer... Qu'est-ce que j'espérais, au juste? Me comprendre moi-même? Me faire plaisir? Faire plaisir à des lecteurs? J'ai tourné en rond autour de ces questions pendant quelques instants, mais je voyais bien que ça n'intéressait pas beaucoup le docteur Poirier.

— Parle-moi encore de cette araignée, Steve... De quelle couleur est-elle? Est-ce une tarentule, une mygale, une veuve noire?

J'ai répondu que je n'étais pas expert en araignées, que c'était juste une comparaison, que j'aurais pu tout aussi bien donner l'exemple d'un oiseau qui construit son nid en ramassant des brindilles, mais le psychiatre revenait toujours sur cette histoire d'araignée.

— Parle-moi encore de cette araignée, Steve. Dis-moi ce qu'elle évoque pour toi, sans trop y penser, comme tu le fais quand tu écris. Essaie d'accueillir ce qui te passe par la tête sans porter de jugement... Je suis ici pour t'aider, Steve...

Crois-le ou non, nous avons parlé d'araignées, de rêves, de courses automobiles, de plongée sous-marine, de téléphone, de locomotives, de mon frère, de l'école, de fast food, encore de mon frère (il me posait souvent des questions sur lui), et ainsi de suite pendant deux heures. Si tu vois un lien entre tous ces éléments, dis-le-moi : j'essaie encore de comprendre à quoi ça lui servait de me faire parler de tout ça.

Tout ce que je peux te dire, c'est que j'ai beaucoup parlé, et que le docteur Poirier n'a pas eu à répéter trop souvent mon prénom ni mes fins de phrases. Je n'ai jamais parlé aussi longtemps avec personne, pas même avec toi, et jamais non plus de façon aussi décousue.

Je me sentais parfois coincé dans des pièges que je m'étais tendus moi-même, un peu comme une araignée qui se serait prise dans sa propre toile, mais il y avait quelque chose de grisant à parler si longtemps. Je passais donc d'un sujet à l'autre sans me gêner, et d'autant plus facilement que le docteur Poirier m'y encourageait. C'était sans doute une façon pour lui d'accéder à mon inconscient, comme ce fameux test des taches d'encre, mais ça ne me dérangeait pas le moins du monde. J'ai joué le jeu le mieux possible, sans bluffer, sans chercher à me montrer plus intelligent que je le suis, persuadé que le médecin finirait bien par s'apercevoir que je n'étais pas plus fou qu'un autre, et certainement bien moins dangereux que des tas de gens qui sont pourtant en liberté. Et ça a marché !

À la fin de la rencontre – tiens-toi bien, Roxanne –, il m'a accordé un congé ! Pas un congé total, évidemment, il faut que je reste ici jusqu'au procès, mais j'ai le droit de rentrer chez moi pour la fin de semaine, ça commence vendredi soir, mes parents sont déjà au courant et ils vont venir me chercher, je ne sais pas si tu te rends compte, Roxanne, ça vaut des milliers de ☺ et des millions de sachets de ketchup, et qu'est-ce que tu fais samedi, Roxanne, je veux te voir, je brûle de te voir, je veux toi, je te veux toi. Plus que trois jours à attendre, plus que deux nuits à contempler l'écriteau EXIT au-dessus de la porte de ma chambre... Dis-moi que tu seras là, Rox, dis-moi que je pourrai te voir, te toucher, t'entendre, te sentir...

Chapitre 13

Voici l'histoire d'un jeune homme qui défie les lois de la pesanteur. Il se sent si léger qu'il a peur de s'envoler quand il marche vers la sortie du centre de détention, et il se sent encore plus léger lorsqu'il récupère ses soixante-douze cents en petite monnaie, son paquet de gommes entamé, son portefeuille, son stylo, ses clés et sa montre.

Lorsqu'il met enfin le nez dehors et que le vent lui caresse le visage, il se dit qu'il lui suffirait d'étendre les bras et de courir un peu pour s'envoler. Quelques battements d'ailes, et il disparaîtrait, comme dans ses rêves les plus fous (Steve rêve souvent qu'il vole au-dessus de la ville, et ce sont toujours des rêves heureux).

Il se sent encore tout léger quand il marche vers ses parents et qu'il les serre contre lui. Il n'a pas fait ce geste depuis longtemps, et il est tout étonné de s'apercevoir qu'il est non seulement plus grand que sa mère – il le savait depuis la 1re secondaire – mais aussi plus grand que son père. Il le *savait* déjà, mais c'est autre chose de le *sentir*. Autrefois, ce sont ses parents qui le consolaient en le serrant dans leurs bras. Maintenant qu'il les a dépassés, il est difficile de savoir qui console qui.

Ils bafouillent des propos incompréhensibles, puis ils s'engouffrent dans l'automobile. Assis à l'arrière, Steve baisse entièrement sa vitre et respire à pleins poumons. Habituellement, son père insiste pour que toutes les vitres soient fermées, mais cette fois-là, il ne dit rien.

Le paysage est franchement laid : des terrains vagues, des cimetières d'autos, des autoroutes, des restaurants de fast food. Mais pour Steve, tout cela est très beau, très pittoresque. Si un guide touristique lui disait que les arches jaunes du McDonald's sont des merveilles de l'architecture moderne, il serait presque porté à le croire.

Une fois à la maison, son père lui offre une bière, qu'il accepte avec plaisir, et c'est de loin la meilleure qu'il ait bue de sa vie. Pourquoi faut-il sortir de prison ou d'une longue maladie pour savourer les petits plaisirs à ce point-là ? Pourquoi ne pourrait-on pas y arriver chaque jour, en sortant du sommeil ? Peut-être que les gens sont programmés pour ne pouvoir accepter qu'une certaine quantité de bonheur au cours de leur existence, peut-être que trop de bonheur déréglerait le système, peut-être que n'importe quoi, et Steve s'en fout un peu : il n'a pas envie de faire de la philosophie, il veut juste boire sa bière tranquillement et bavarder un peu avec ses parents, même si ceux-ci ne savent pas trop quoi dire et qu'ils passent leur temps à lui demander s'il veut des arachides, ou de la crème glacée, ou des chips, ou dormir…

Steve finit par prendre une douche – il en prendrait douze de suite si ça lui permettait d'oublier le passé récent – puis il descend dans sa chambre, qu'il regarde comme si c'était la première fois. Son ordinateur, ses livres, ses disques, ses crayons, ses papiers, son couvre-lit… Il aurait envie de se coucher dans son lit, juste pour sentir la fraîcheur de l'oreiller et la douceur des draps, mais il sait qu'il ne dormirait pas. Il se sent encore tout nerveux, tout fébrile, comme un jeune chien qu'on vient de libérer de sa laisse et qui ne peut s'empêcher de courir partout.

Il remonte au salon, allume machinalement la télé et la referme aussitôt. Il sort marcher entre les pommiers, change d'idée aussitôt sorti et rentre à la maison pour téléphoner à Roxanne, puis à Yan, puis encore à Roxanne, juste pour être sûr qu'elle est encore là, dans la même vie que lui, et qu'elle l'attend bel et bien le lendemain, et qu'il peut venir souper à la maison si ça lui chante, et il aime qu'elle ait utilisé ce mot, parce que c'est exactement l'effet que ça lui fait : l'idée lui *chante*.

Il tourne encore en rond dans la maison et finit par téléphoner une fois de plus à Yan, qui décide d'emprunter le camion de livraison de son père pour venir le rejoindre. Ils regarderont des films débiles jusqu'à trois heures du matin, mais pour Steve ce seront des chefs-d'œuvre ; ils videront deux litres de lait et engouffreront un sac complet de biscuits aux brisures de chocolat, et ce sera un véritable festin ; Steve finira par s'endormir sur le canapé, repu, fatigué et heureux.

▲ ▼ ▲

Le lendemain matin, Steve ouvre un œil, inquiet : et s'il y avait un panneau EXIT au-dessus de la porte ? Il n'y en a pas, tout va bien. Il est donc dans sa chambre, sa vraie chambre. Comment a-t-il pu se retrouver là, alors qu'il s'est endormi dans le salon ? Il n'essaie même pas d'y réfléchir : il a dû être somnambule, voilà tout, et il se sent d'ailleurs encore un peu zombie. Il regarde l'heure : midi et demi… Midi et demi ! Déjà la moitié de la journée de passée ! Il se précipite hors de son lit, puis il se calme : il ne va quand même pas passer ses deux jours de congé à regretter de ne pas avoir fait tout ce qu'il aurait pu faire s'il avait fait autre chose que ce qu'il a fait. Que dirais-tu d'une bonne douche, Steve ? Ça t'aiderait peut-être à construire des phrases plus claires.

Une douche, deux bols de céréales et un sandwich au fromage plus tard, Steve saute sur son vélo et pédale jusque chez M. Vinet. Vingt-quatre kilomètres. Il en a pour une heure à pédaler dans ce paysage vallonné qu'il a appris à aimer à force de le parcourir par tous les temps, et il en savoure toutes les côtes, même celles qu'il doit monter, *surtout* celles qu'il doit monter. Il aime se sentir les mollets en feu, et il a une pensée pour Biceps, qui n'a jamais de journée de congé, et qui ne saurait pas où aller, de toute façon.

Il arrive enfin chez M. Vinet, qui habite la maison la plus banale qui se puisse imaginer. Un bungalow recouvert d'aluminium, un grand cèdre à côté de la porte d'entrée, une clôture *Frost*, une pelouse nue, une entrée d'asphalte... Il n'y a pas d'automobile dans l'entrée, personne dans la cour, et les stores sont fermés. Steve se doute bien qu'il n'y aura personne pour lui répondre, mais il descend quand même de son vélo et sonne à la porte, par acquit de conscience. Il entend la sonnerie qui se répercute dans la maison comme dans une immense caisse de résonance. Aucune réponse. Il attend une minute, appuie de nouveau, toujours rien.

En approchant son visage de la porte et en utilisant ses mains comme écran pour cacher la lumière, il aperçoit une partie du décor dans lequel vit son professeur de français : une table de cuisine entourée de quatre chaises, une cuisinière, un réfrigérateur... Rien que du banal, trop banal, tellement banal que ça fait peur : il n'y a pas d'aimants sur le frigo, pas de jouets dans l'escalier, pas de journaux ouverts sur la table ; il n'y a aucune trace de vie, tout est trop propre, comme si…

Une image horrible traverse l'esprit de Steve : et si M. Vinet s'était suicidé ? S'il avait avalé des pilules, s'il s'était entaillé les veines dans sa baignoire, s'il avait laissé tourner le moteur de son automobile dans le garage ? Ce sont des choses qui arrivent…

Du calme, Steve, du calme. Premièrement, il n'y a pas de garage. Deuxièmement, il n'y a pas non plus de voiture dans l'entrée. M. Vinet est donc sorti, tout simplement. Il a dû aller faire des courses. M. Vinet a beau être professeur, il doit sûrement manger, comme tout le monde… D'ailleurs, il ne peut pas être parti depuis très longtemps, puisqu'il n'y a pas de circulaires dans la porte. Et voici son chat, qui vient se frotter contre ta jambe, un gros chat bien dodu qui n'a pas l'air de mourir de faim… Rentre chez toi, Steve, et mêle-toi de tes affaires…

Steve finit par admettre que son ami imaginaire a sans doute raison, mais il se sent tout de même inquiet en rentrant chez lui. Comment se fait-il que M. Vinet ait soudainement disparu ? Comment se fait-il qu'il ne donne pas signe de vie ? Comment un homme si vivant peut-il habiter une maison si peu vivante ? Pourquoi n'a-t-il pas de famille, pas d'enfants ?

Toutes ces questions tracassent Steve. Elles le tracassent, le chicotent et le tarabustent à tel point qu'il est tout étonné lorsque, de retour chez lui, il range son vélo dans le garage : comment se fait-il qu'il soit déjà arrivé alors qu'il vient tout juste de quitter la maison de M. Vinet ? Il a pédalé pendant une heure, mais il n'en a gardé aucun souvenir. Il a pédalé comme une machine, l'esprit totalement ailleurs.

Steve pense encore à M. Vinet tandis qu'il se prépare à aller chez Roxanne, et il y pensera jusqu'à ce qu'il frappe à la porte de celle-ci. L'accueil qu'il recevra lui fera alors oublier tous ses tracas.

▲ ▼ ▲

Il y a une automobile dans l'entrée, cette fois-ci, et des fleurs dans les plates-bandes, et des outils de jardinage qui traînent sur la pelouse, et la porte d'entrée s'ouvre avant même que j'aie eu le temps de sonner. Roxanne habite dans une maison normale, une maison vivante, avec des aimants sur le réfrigérateur, des piles de serviettes tout juste sorties de la sécheuse et encore toutes chaudes sur la table de la cuisine, et la radio en sourdine, qui joue une vieille chanson des Beatles.

La mère de Roxanne m'accueille dans la cuisine et m'offre un verre de limonade. « Tu dois avoir chaud après avoir tant pédalé », dit-elle, et elle me le sert avant que j'aie eu le temps de répondre, puis elle retourne à ses serviettes, qu'elle continue à plier tout en me disant qu'elle a des tonnes de courses à faire d'ici la fin de la journée et qu'elle doit bientôt s'en aller, quel drôle de temps aujourd'hui, tout ça c'est à cause de l'effet de serre, on n'en finit plus de passer d'un extrême à l'autre et de battre des records, et comment vont tes parents, et patati et patata.

La mère de Roxanne est une femme énergique, mais je ne l'ai jamais vue agitée à ce point-là. Elle me pose douze mille questions auxquelles elle ne me donne jamais le temps de répondre, elle réussit à plier ses serviettes tout en vidant le lave-vaisselle, si bien que je la soupçonne bientôt d'être en partie responsable du réchauffement de la planète.

Est-elle plus nerveuse que d'habitude parce que le jeune homme qui se trouve devant elle sort tout droit de prison ? Elle n'en dira rien, et je n'aborderai pas le sujet moi non plus, pour la simple et bonne raison qu'elle ne m'en laisse pas le temps. Je n'ai même pas fini mon verre de limonade qu'elle prend son sac à main, en sort les clés de son automobile et m'annonce qu'elle doit partir tout de suite si elle veut avoir le temps de faire toutes ses courses. Elle me dit aussi que Roxanne m'attend dans sa chambre.

Dans sa chambre ? Pourquoi sa porte est-elle restée fermée, comment se fait-il qu'elle ne soit pas encore venue m'accueillir ? Impossible de poser la question à sa mère, qui a déjà quitté la maison. J'entends la portière de son auto se refermer, le frein à main grincer, le moteur tourner. La voiture quitte bientôt l'entrée, et je me retrouve seul dans la cuisine, ne sachant trop que faire. Je fixe la porte de la chambre de Roxanne en m'attendant à ce qu'elle s'ouvre, mais elle reste fermée. Je m'approche lentement, je pose ma main sur la poignée, et j'entends enfin la voix de Roxanne, qui me parvient faiblement.

— Tu peux entrer, dit-elle.

Je tourne la poignée, je pousse la porte et ce que je vois me coupe le souffle. Les stores sont fermés, et la pièce n'est éclairée que par les quelques rayons de soleil qui s'infiltrent entre les lattes du store.

Roxanne est couchée comme pour dormir, le couvre-lit remonté jusqu'au cou, mais ses yeux brillent d'une étrange lueur.

— Déshabille-toi, me dit-elle.

J'enlève mon tee-shirt, tandis que Roxanne se déplace vers la droite pour me laisser une place, tout en restant cachée sous le drap. Je n'ose pas me déshabiller totalement devant elle. Je m'assois donc sur le bord du lit, j'enlève mes chaussures, mes shorts et mon slip, puis je me glisse sous les couvertures.

— Ma mère ne reviendra pas avant six heures, dit-elle d'une voix qui me semble nerveuse.

— ... Et ton père ?

— Parti en voyage. Il ne reviendra que la semaine prochaine. Penses-tu que nous aurons le temps ?

— Une semaine ? Ça devrait aller pour commencer...

Ce n'était pas vraiment drôle, mais nous avons quand même beaucoup ri.

Je me tourne vers elle, je pose ma main sur son ventre et je suis étonné que sa peau soit si douce et si fraîche. Je glisse ma main sur sa cuisse, tout aussi douce, puis sur son genou, je remonte jusqu'au ventre, en évitant soigneusement d'effleurer son sexe, puis je redescends de l'autre côté. Je m'attends à toucher bientôt un appareil, mais il n'y a rien sur sa cuisse, tout aussi douce que l'autre, rien non plus sur son genou... Je sens alors la main de Roxanne se poser sur la mienne pour l'emprisonner.

— J'ai enlevé mon orthèse. C'est pour ça que je n'ai pas pu aller t'accueillir... Penses-tu que j'ai bien fait ?

— Me permets-tu de répondre autrement qu'avec des mots ?

— Fais attention, Steve. Vas-y doucement.

▲▼▲

J'y suis allé doucement, aussi doucement que j'ai pu, et j'ai rapporté ce très doux, ce très merveilleux souvenir dans ma prison, où il m'a aidé à tenir le coup jusqu'à mon procès.

▲▼▲

Trois semaines, trois interminables semaines à subir les confidences de Biceps et les provocations de Barbelé, les rencontres tordues avec un pédopsychiatre tordu, les humiliations et les vexations infligées par des gardiens sadiques, les rackets et les combines, les bagarres générales provoquées par la pénurie de sachets de ketchup, les crises de nerfs de Bébé, qui a pété les plombs parce qu'il n'a pas eu sa dose de je ne sais quoi, et tous ces jeunes au regard vide croisés à la cafétéria, tous ces jeunes qui ont à peine quatorze ans et qui sont déjà finis. Trois semaines à compter des jours et à égrener des heures jusqu'à ce que je puisse enfin subir mon procès.

Ce serait une expérience traumatisante, avait dit madame la juge ? Le mot *traumatisant* est trop faible : ce procès a été pire que tout ce que j'aurais pu imaginer.

Chapitre 14

Oubliez les toges, les perruques et le juge sénile qui donne des coups de marteau pour imposer le silence à l'assistance. Il n'y a personne d'autre que mes parents dans la salle, et ce n'est pas *un* juge qui préside mon procès, mais *une* juge, la même que l'autre fois. Nous ne sommes pas dans un film, mais dans la vraie vie. Et nous ne sommes pas dans un vrai tribunal, mais dans un tribunal pour la jeunesse. D'après ce que je comprends, il s'agit d'un endroit où les adultes qui connaissent les lois peuvent prendre toutes les libertés qu'ils veulent avec celles-ci, à condition de répéter à tout bout de champ que c'est dans l'intérêt du jeune.

C'est dans l'intérêt du jeune, par exemple, qu'on ne lui demandera jamais de témoigner. C'est son procès, mais on lui fait comprendre dès le début qu'il n'a rien à dire. D'autres s'en chargeront pour lui. Il paraît que c'est pour son bien. C'est ce que m'a expliqué Me Auger, mon avocat, en parlant moitié latin et moitié français, mais dans un français qui aurait tout aussi bien pu être du chinois.

Je suis donc assis et je regarde défiler devant moi des personnages qui ont été invités par d'autres que moi et qui viennent parler contre moi, mais dans mon intérêt.

Le premier à témoigner est ce bon docteur Poirier, qui prend sa voix la plus grave pour expliquer à la Cour que la thérapie commence à porter fruit, la preuve étant que je viens de passer trois semaines sans me livrer au moindre comportement violent, mais qu'il faudra de toute évidence poursuivre ce traitement pendant au moins six mois. Le processus de dissociation, loin de se résoudre, ne fait que s'amplifier, la preuve étant que je m'identifie maintenant à une araignée, bestiole qui aime les endroits sombres et humides, et qui symbolise à merveille les pièges tendus par ma propre psyché et dans lesquels je m'enlise. Cette prolifération d'identités négatives serait toutefois une étape normale de ma guérison, un réflexe de résistance, une sorte de baroud d'honneur de mes fantasmes violents, que seule une psychothérapie en profondeur devrait arriver à résorber; c'est pourquoi il serait préférable, dans mon intérêt, que je demeure au centre, où je pourrais bénéficier au maximum de mon traitement.

La juge lui pose ensuite quelques questions, auxquelles il répond dans un langage chaque fois plus compliqué, et en reprenant toujours cette image de l'araignée. Madame la juge frémit d'horreur chaque fois qu'elle entend ce mot, et chaque fois j'ai envie de bondir de mon fauteuil et de lui expliquer que ce psychiatre a toujours tout compris de travers, que j'ai parlé d'une araignée pour faire une *métaphore*, mais je n'ai pas le droit de parler, il paraît que c'est pour mon bien.

Je m'attends ensuite à ce que mon avocat se livre à un contre-interrogatoire serré comme on en voit dans les films : « Ce pédopsychiatre ne connaît ni le français ni l'entomologie, Votre Honneur, puisqu'on ne peut *s'enliser* dans une toile, et puis l'araignée ne s'y *prend* jamais, comme tout le monde devrait le savoir. Mais posons-nous une question plus sérieuse, Votre Honneur : Comment ce pédopsychiatre peut-il prétendre aider mon client et cependant témoigner contre lui ? Je demande donc l'*habeas corpus* pour vice de forme, *hic et nunc* et *tutti quanti*, ou n'importe quelle phrase que vous trouverez dans les pages roses du *Petit Larousse*, à condition que cela signifie que mon client est libéré. »

Mais il faut croire que j'ai vraiment trop d'imagination.

— Ne croyez-vous pas que mon client pourrait poursuivre son traitement en consultation externe ? demande Me Auger.

– Non, répond le psychiatre, et mon avocat se rassoit.

Fin du contre-interrogatoire, et fin de mes espoirs : comment puis-je espérer m'en sortir si mon propre avocat se couche à plat ventre devant ce psychiatre ?

— Bien, dit la juge. Qu'on fasse maintenant comparaître le deuxième témoin.

M. Patenaude fait son entrée, accompagné de son propre avocat, d'un deuxième qui représente la commission scolaire, d'un troisième qui représente le ministère de l'Éducation, et d'un quatrième, engagé par les trois premiers, qui est chargé d'établir des relations harmonieuses entre tout ce beau monde.

Madame la juge ne semble pas apprécier ce déploiement de toges. Elle regarde ces messieurs par-dessus ses petites lunettes et les admoneste sur le ton qu'emploierait une maîtresse d'école pour parler à des enfants particulièrement turbulents.

— Nous sommes dans un tribunal pour la jeunesse, explique-t-elle, et je ne tolérerai pas d'arguties juridiques…

Les quatre avocats ont répondu par quelques phrases en latin, et la juge a semblé satisfaite, mais tout de même un peu méfiante. Quoi qu'il en soit, seul le premier avocat a posé des questions au directeur. Peut-être que les phrases en latin signifiaient que les autres n'assistaient au procès que pour toucher leurs honoraires, je ne le saurai jamais.

Le premier avocat pose donc à mon directeur des questions soigneusement préparées, et celui-ci lui sert des réponses apprises par cœur. Nous découvrons ainsi que M. Patenaude a enseigné pendant sept ans avant de devenir directeur d'école et qu'il a accepté cette promotion non pas pour toucher un salaire supérieur, comme certains esprits étroits seraient portés à le croire, ce qui démontrerait d'ailleurs leur méconnaissance du milieu de l'enseignement puisque la prime versée aux directeurs est ridicule eu égard à leurs responsabilités dans cette société toujours plus complexe, mais bien par amour des jeunes, avec lesquels il aurait des rencontres plus ponctuelles, certes, mais aussi plus signifiantes. Il n'est pas ce genre de directeur qui s'enferme dans son bureau pour écrire des rapports et remplir des formulaires, que nenni. Sa porte est toujours ouverte à tous, et particulièrement aux jeunes en difficulté, pour lesquels il éprouve une véritable affection. Il est directeur depuis douze ans, et il s'est toujours bien acquitté de sa mission, comme en témoignent les nombreux rapports d'évaluation établis par la commission scolaire et les félicitations personnelles qu'il a reçues du ministre lui-même, qui a tenu à souligner publiquement qu'il s'était ad-mi-ra-ble-ment bien approprié les objectifs des réformes pédagogiques tout en produisant des états financiers ex-cep-tion-nel-le-ment bien tenus.

Je ne vois pas tellement le rapport avec ma situation, mais ce n'est visiblement pas l'avis de la juge, qui semble très impressionnée par les états de service de mon directeur et par sa façon très convaincante de détacher les syllabes.

Quand son avocat lui demande ensuite de raconter les circonstances qui l'ont poussé à porter plainte contre moi, le directeur prend un air profondément malheureux et explique à la Cour à quel point mon texte l'a blessé et lui a causé d'irréparables préjudices.

Interrogé par son avocat sur la nature de ces préjudices, M. Patenaude explique, la voix tremblante d'émotion, que mon attaque injuste et sournoise a causé chez lui un violent choc émotionnel qui s'est traduit par des nuits d'insomnie et par un tel niveau d'anxiété que sa vie conjugale en a été affectée, ce qui l'a obligé à consulter de nombreux spécialistes dont les services ne sont pas toujours couverts par ses assurances collectives, il avait d'ailleurs apporté les factures pour en convaincre la Cour, factures qu'il veut présenter comme preuves…

J'ai envie de griffonner un mot à mon avocat pour lui suggérer de demander au directeur s'il n'est pas lui-même en partie responsable de ses déboires conjugaux, mais le témoignage de M. Patenaude prend alors une tournure inattendue, qui me laisse complètement estomaqué.

— … Ce que je ne m'explique pas, dit-il, c'est que Steve ait été si dur et si injuste envers moi, après tout ce que j'ai fait pour lui…

— Voulez-vous expliquer à la Cour ce que vous avez fait exactement ? demande son avocat.

Je dois admettre que c'est une excellente question. J'ai beau me gratter la tête, je ne vois vraiment pas de quoi il veut parler.

— Vous savez que le frère de Steve est décédé l'année dernière dans des circonstances tragiques. Comme Patrick Charbonneau était un de nos anciens élèves et qu'il avait laissé un excellent souvenir dans notre institution, j'ai moi-même décidé de faire parvenir des fleurs à la famille. Je tiens à souligner que Patrick n'étudiait plus à notre école à ce moment-là et qu'en conséquence il n'y avait aucune enveloppe budgétaire prévue à cet effet. Mais un directeur d'école n'est pas qu'un administrateur de budget. C'est aussi, c'est surtout, un être humain capable de compassion. J'ai donc transgressé les règles comptables prescrites par le Ministère, et j'ose dire que j'en suis fier. Mais ce n'est pas tout. Un directeur d'école doit aussi faire preuve de psychologie, et il peut comprendre qu'un jeune homme ayant perdu son frère dans des circonstances si tragiques puisse parfois avoir des réactions violentes... J'aurais préféré ne jamais avoir à rapporter l'anecdote que je vais maintenant vous raconter, Votre Honneur, et surtout pas devant un tribunal, mais la sournoise attaque dont j'ai été l'objet ne me laisse pas le choix. Cette anecdote concerne un jeune homme de notre école, Francis Fisette, qui a été sauvagement agressé par Steve, peu de temps après le décès de son frère...

Les bras m'en tombent. Jamais je n'aurais cru que le directeur descendrait aussi bas.

Francis Fisette est un gars de ma classe, et ce n'est pas précisément un ami. Il n'est surtout pas le genre de gars qu'on a envie de provoquer : six pieds trois, presque aussi musclé que Biceps, et ça n'a rien à voir avec la créatine. Il joue au hockey dans une équipe AAA, et plusieurs lui prédisent une carrière professionnelle. Mais Francis a beau être un athlète accompli, il doit suivre les mêmes cours d'éducation physique que les autres, c'est un règlement de l'école. S'il était inscrit à notre polyvalente, même le pape serait obligé de suivre des cours de religion.

Voici donc ce qui s'est passé : à la fin d'un cours d'éducation physique, le professeur, qui se trouve à être aussi l'entraîneur de hockey de Francis, a eu l'idée débile d'organiser un match de hockey cosom opposant Francis et lui-même au reste de la classe. Toutes les filles sont aussitôt allées s'asseoir à l'écart, de même que trois ou quatre garçons très portés sur l'éducation physique, mais à condition d'en faire le moins possible.

Il ne restait donc que Francis et le professeur, contre une dizaine de deux de pique dans mon genre. Nos deux superstars menaient déjà six à zéro quand j'ai réussi à prendre le contrôle de la balle, sans doute par accident. J'ai voulu monter au but, et Francis m'a vite rattrapé. Je me suis alors arrêté brusquement pour tenter une passe, mais Francis n'avait pas prévu la manœuvre. Nous sommes donc entrés en contact et, pour une raison que j'ignore – il était sans doute en déséquilibre –, c'est Francis qui est tombé par terre. Ce sont des choses qui arrivent, et cet incident n'aurait probablement pas eu de suites si certains élèves n'en avaient pas alors profité pour se moquer de Francis. Francis était furieux, et il a essayé de me faire trébucher en glissant son bâton entre mes jambes. Le malheur, c'est que je suis tombé sur lui et que je lui ai accroché le coude au passage, provoquant une blessure qui l'a tenu immobilisé pendant une semaine, et qui lui a fait rater deux matchs importants.

Le directeur a eu vent de l'affaire et il a mené une enquête sur l'incident. Quatre élèves ont appuyé la version de Francis, selon laquelle j'avais été l'agresseur, mais le reste de la classe a témoigné en ma faveur, ce qui est une proportion étonnante étant donné la popularité dont jouit Francis. Le professeur d'éducation physique n'avait pas vu le jeu et n'a donc pas voulu trancher, mais il avait tendance à croire la version de son joueur étoile. Le directeur, ne sachant que penser, a décidé de ne pas sévir. Le dossier était fermé. C'est du moins ce que je croyais jusqu'à ce que j'apprenne, en même temps que la juge, que j'avais agressé *sauvagement* le joueur étoile, que *tous* les témoignages concordaient en ce sens, mais que M. Patenaude, fin psychologue, avait compris que j'avais agi ainsi en raison des séquelles psychologiques causées par le décès de mon frère, et qu'il avait donc jugé bon de se montrer magnanime…

— J'aurais préféré m'abstenir de rapporter cette triste anecdote, conclut-il avec un air mortifié, mais je dois à la vérité de rapporter tous les événements qui pourraient aider la justice à suivre son cours.

Je me tourne vers mon avocat, espérant qu'il va enfin mettre ses culottes : « Est-ce vraiment la vérité qui vous intéresse, monsieur le directeur, ou n'est-ce pas plutôt la volonté de dissimuler vos petites combines ? Parlant de petites combines, parlez-nous donc de celles de Mme Fortin : sont-elles affriolantes ? Et est-ce *vous* qui avez subi des préjudices et des douleurs morales, ou n'est-ce pas plutôt Steve, qui a déjà passé un mois en prison ? »

Mais tout ce que mon avocat trouve à faire, c'est de demander au directeur s'il n'a quand même pas eu affaire, au cours de sa longue carrière au service de l'éducation, à des élèves plus violents que moi.

— Vous savez, dans une société comme la nôtre, où trop souvent les parents abdiquent leurs responsabilités…

— Répondez à ma question, M. Patenaude. Avez-vous déjà eu à traiter avec des jeunes plus violents que Serge ?

— … Vous voulez sans doute parler de Steve ?

— C'est ce que je voulais dire, oui…

— Ça m'est arrivé quelques fois, oui…

Me Auger se lève et s'approche du témoin. Allons-nous enfin assister à un duel digne de ce nom ?

— À l'exception de ce François dont vous venez de nous rapporter les faits idoines et afférents, Serge a-t-il exterminé quelqu'un d'autre ?

— … Pardonnez-moi, Maître, mais je ne vois pas de quoi vous voulez parler. Steve n'a jamais *exterminé* personne…

— C'est ce que je voulais vous entendre dire ! Qu'à cela vous le tienne pour dit ! J'en ai fini avec le témoin.

Un silence embarrassé suit cette déclaration.

— … Tout va bien, Me Auger ? finit par demander la juge en affichant un air perplexe.

— Très bien, merci ! Que l'on poursuive les procédures !

Je ne sais pas où mon père est allé pêcher cet avocat, mais j'espère sincèrement que ses tarifs sont à la hauteur de son talent…

Un gardien du centre de détention vient ensuite témoigner de l'agression sauvage et préméditée à laquelle je me suis livré contre Barbelé, un jeune homme qui a toujours eu un comportement exemplaire et qui ne m'a jamais provoqué de la moindre manière. Mon avocat le laisse dire tout ce qu'il veut et ne se donne même pas la peine de l'interroger.

C'est à ce moment-là que je comprends la stratégie de Me Auger : il a sûrement trouvé d'extraordinaires témoins qui viendront parler en ma faveur, et leurs propos seront si édifiants que toutes les assertions mensongères de l'accusation seront balayées sous le tapis. Il se livrera ensuite à une plaidoirie si efficace que le directeur fondra en larmes et que la juge me présentera ses excuses au nom de la Justice.

Il faut croire que j'ai vraiment trop d'imagination, ou plutôt que cette imagination est exagérément optimiste : jamais en effet je n'aurais pu imaginer une défense aussi médiocre présentée par un avocat aussi minable.

Quand vient le temps d'appeler à la barre les témoins de la défense, Me Auger fait d'abord venir M. Primeau, un de mes anciens professeurs de 2e secondaire. Le vieil homme a du mal à se souvenir de mon nom et sans doute aussi du sien, mais il croit se rappeler que j'avais un certain talent pour les productions écrites. Quand l'avocat de la poursuite lui demande en contre-interrogatoire s'il pense qu'un jeune peut écrire n'importe quel propos violent et diffamatoire et se cacher ensuite derrière le prétexte facile de la liberté artistique, M. Primeau s'écrie « Certainement pas ! » avec un air profondément indigné, une opinion que Me Auger semble partager, puisqu'il opine du chef.

La mère de Roxanne vient ensuite affirmer que j'ai toujours été un garçon calme et gentil, que je suis passionné d'écriture et pas violent pour deux sous, et je dois avouer que son témoignage est très émouvant. Les choses se gâtent toutefois par la suite quand elle se sent obligée de livrer un long éditorial sur cette prétendue justice qui enferme des jeunes hommes inoffensifs plutôt que de s'en prendre aux vrais criminels. La juge, qui semble vexée, doit la rappeler à l'ordre.

Frankie vient témoigner en ma faveur, mais tout ce qu'il trouve à dire, c'est quelque chose dans le genre : « Je n'ai rien remarqué de normal, monsieur le juge, je veux dire madame la juge, je veux dire rien d'anormal, je veux dire que j'aurais peut-être quelque chose à dire, je veux dire, mais je ne me souviens plus très bien, est-ce que je peux partir maintenant ? »

Autant Frankie peut être articulé et convaincant quand il s'adresse à des jeunes, autant il perd tous ses moyens devant une juge. Il semble plus timide que le plus timide des enfants d'une école primaire, et n'arrive qu'à bafouiller des propos incohérents. La juge ne le retient pas longtemps.

Mon avocat veut ensuite faire témoigner mes parents, mais l'accusation émet aussitôt une objection : mes parents ont assisté à tous les témoignages, ce qui les rend inaptes à témoigner. Les avocats se mettent alors à parler latin pendant de longs moments avec la juge, qui finit par conclure que l'accusation a raison : Me Auger aurait dû y penser avant, il est maintenant trop tard.

— Avez-vous d'autres témoins à faire entendre ? demande-t-elle ensuite à mon avocat en le regardant par-dessus ses petites lunettes.

— Non, répond-il simplement.

— Non... ? En êtes-vous certain ?

Elle semble aussi incrédule que moi : comment peut-on être aussi nul ? a-t-elle l'air de penser.

— C'est-à-dire que... J'ai aussi demandé à son professeur de français, M. Drolet, de venir témoigner, mais il semble qu'il n'ait pas jugé bon de se présenter...

Si j'étais vraiment violent, je trouverais là une occasion rêvée et parfaitement justifiée de sauter à la gorge de quelqu'un, mais je n'ai même pas besoin de me retenir : je suis trop découragé pour cela. Vous voulez me renvoyer en prison ? Allez-y. Condamnez-moi aux galères tant qu'à faire, je m'en fous.

— Dans ce cas, réplique la juge, je serai obligée de rendre mon jugement, et j'ai peur qu'il ne soit pas favorable à votre client…

C'est précisément à ce moment-là que s'ouvre la porte du tribunal et que tout le monde se retourne pour assister à leur entrée fracassante.

Si cela s'était produit dans un film ou dans un roman, jamais je n'aurais cru à un tel revirement de dernière minute. Mais, comme dit le cliché, la réalité dépasse parfois la fiction. Et si c'est devenu un cliché, c'est parce que ce genre de chose arrive.

Si j'ai parlé de *leur* entrée, c'est qu'ils sont deux, et tellement semblables que c'en est hallucinant. Ils ont la même tête à moitié chauve, la même moustache démodée, le même ventre rond. Les jumeaux ne se distinguent que par leurs vêtements – le premier est habillé comme un professeur d'école secondaire, c'est-à-dire mal, et le deuxième comme un réalisateur américain, c'est-à-dire tout aussi mal, mais avec des vêtements qui ont visiblement coûté beaucoup plus cher. Comme ce foulard de soie qu'il porte autour du cou, par exemple : jamais je n'imaginerais M. Vinet arborer un tel accessoire. Autre différence notable entre les deux hommes : le professeur d'école secondaire est debout, et le deuxième est assis dans un fauteuil roulant.

— Veuillez pardonner cette entrée intempestive, dit M. Vinet à la juge, mais je crois qu'il y a eu une erreur dans l'avis de convocation : il y était spécifié que le procès aurait lieu le 5, alors que nous sommes le 4… Je tiens de plus à signaler à la Cour que je m'appelle M. Vinet, et non pas Drolet, et qu'il y avait aussi une erreur dans mon code postal… Est-il trop tard pour témoigner, madame la juge ?

— Je veux bien vous entendre, mais j'ai d'abord une question à poser à Me Auger… Vous êtes-vous vraiment trompé de date, de nom et de code postal dans votre avis de convocation, Maître ?

Qu'on puisse faire une erreur de temps à autre, je peux le comprendre, mais se tromper à ce point-là...

— C'est tout à fait compréhensible en effet.

— ... Compréhensible ???

— Compréhensible, oui. C'est sûrement ma secrétaire qui...

— Nous verrons ça plus tard... Je vous écoute, monsieur le témoin de dernière minute. Qu'avez-vous à nous dire ?

— Je pourrais vous parler longuement de Steve, qui est un de mes meilleurs élèves, mais j'aimerais surtout que vous entendiez ce qu'en pense mon frère.

— Je vous écoute. Vous êtes monsieur... ?

— Vinet. Viateur Vinet. Je suis le frère de Clément, comme vous l'aviez sûrement deviné, mais j'ai aussi d'autres qualités. Avant d'aller plus loin, j'aimerais cependant vérifier quelque chose. Nous sommes ici dans un tribunal pour la jeunesse, n'est-ce pas ?

— Oui.

— Bien. D'après les avocats que j'ai consultés, cela implique qu'aucun journaliste n'est admis ici et que les propos que je tiendrai resteront strictement entre nous… Est-ce que je me trompe ?

— Vos avocats vous ont bien informé, monsieur. Vous pouvez parler en toute liberté…

Ce n'est qu'à ce moment-là que je remarque une troisième différence, plus subtile, entre les deux frères. Si Clément a une autorité naturelle incontestable – jamais il n'a eu besoin de lever le ton pour attirer l'attention de la classe –, son frère Viateur possède lui aussi cette qualité, mais à un degré encore plus élevé. Il a suffi qu'il entre dans la salle du tribunal pour que tout le monde ait les yeux rivés sur lui et soit suspendu à ses lèvres, la juge y compris. Ce n'est pourtant pas un homme impressionnant : il est petit, bedonnant, à moitié chauve et infirme. Mais il y a quelque chose de magique dans sa voix, quelque chose d'hypnotique. S'il demandait à la juge d'enlever les épingles qui retiennent sa lourde chevelure et de danser sur la table, je suis sûr qu'elle lui obéirait. Mais il a heureusement autre chose à dire, de bien plus intéressant.

— C'est bien. Je m'appelle donc Viateur Vinet, mais on me connaît surtout sous le nom de Steve Prince. C'est sous ce pseudonyme que j'écris la plupart de mes romans d'horreur, mais j'ai aussi commis quelques suspenses sous le nom de Richard Goodfrey, de même que quelques dizaines de romans d'amour sous le pseudonyme de Franklin D. Gravestone…

— Vous… vous êtes l'auteur d'*On ne pleure pas qu'avec les yeux*? s'exclame la juge. Mais… mais c'est impossible, vous ne lui ressemblez pas du tout !

— Vous parlez sans doute de cette photo en quatrième de couverture ? Je suis désolé de vous apprendre que c'est une image virtuelle, créée par le service du marketing de ma maison d'édition après avoir été testée auprès de différents *focus groups*. Ça fait partie du produit, en quelque sorte. N'avez-vous pas remarqué qu'il s'agit toujours de la même photo, même après toutes ces années, et qu'on n'a jamais invité ce M. Gravestone dans les talk-shows ? Il en va de même pour Steve Prince, d'ailleurs, à qui on a donné une gueule autrement plus inquiétante. Les lecteurs – et surtout les lectrices – seraient sûrement déçus s'ils savaient que le ténébreux Franklin D. Gravestone est en réalité un pauvre infirme à moitié chauve... Mais si je dis que je suis un *pauvre* infirme, il ne faut surtout pas entendre ce mot dans son acception financière... Voudrais-tu montrer le dossier que j'ai préparé à l'intention de madame la juge, Clément ?

Mon professeur de français préféré s'approche du bureau de la juge et y dépose un dossier tandis que son frère poursuit son exposé.

— Je sais que je ne devrais pas avoir recours à un argument aussi vulgaire avec des gens de votre qualité, madame, mais je voulais simplement vous montrer que si l'écriture est un passe-temps inoffensif pour plusieurs personnes, et parfois un art, il arrive qu'elle soit aussi une activité commerciale qui procure des revenus non négligeables à ceux qui s'y livrent. Vous consultez en ce moment mes états financiers de l'année dernière, qui n'a malheureusement pas été à la hauteur de mes attentes : mon avocat spécialisé dans les droits d'adaptation pour le cinéma a eu quelques problèmes avec Hollywood, mais tout devrait s'arranger au cours de la prochaine année fiscale.

Je n'ai aucune idée des chiffres produits par Viateur Vinet, mais ils ont l'air impressionnants : en les voyant, la juge frôle la syncope.

— Poursuivez, finit-elle par dire après avoir ravalé sa salive.

— Ce que je suis venu vous dire, madame la juge, c'est ceci : qu'ils considèrent l'écriture comme un passe-temps, un art ou une activité commerciale – et il arrive qu'elle soit les trois en même temps –, tout ceux qui s'y consacrent doivent se dédoubler. C'est une condition nécessaire à la pratique de leur métier. De la même façon que les comédiens jouent à être quelqu'un d'autre, les écrivains se fabriquent des personnalités multiples, qu'ils ont le devoir d'explorer. Essaieraient-ils de s'en empêcher qu'ils en seraient de toute façon incapables. Autant demander à une araignée de ne pas tisser sa toile…

— … Ai-je bien compris ? Avez-vous bien parlé d'une araignée ? demande la juge, qui semble tout aussi ahurie que moi.

— C'est ce que j'ai dit, mais je peux facilement trouver une autre comparaison si vous souffrez d'arachnophobie. Préférez-vous les abeilles ?

— C'est comme vous voulez… Poursuivez, je vous en prie.

— Ce ne sera plus très long. J'écris des romans d'horreur pour le plaisir de la chose, et c'est en effet un grand plaisir de les écrire, même si cela paraît difficile à comprendre pour les non-initiés. Un certain nombre de personnes trouvent du plaisir à me lire, comme vous avez pu en juger par vous-même en consultant mes états financiers. C'est du divertissement, rien de plus. De l'*entertainment*, comme disent les Américains. Certaines personnes n'aiment pas ce genre, et c'est normal. Pour ma part, je ne suis pas friand d'opéras. Question de goûts. Mais quand vous pratiquez ce genre, vous comptez inévitablement parmi vos lecteurs quelques esprits fêlés qui prennent vos histoires au pied de la lettre. Ils imaginent que vous vous livrez au satanisme, ils vous appellent pour vous demander des formules vaudou, vous voyez le genre... C'est pourquoi je mène une vie discrète, loin des caméras et de la vie publique. Tant mieux si mes lecteurs croient que Steve Prince existe vraiment et qu'il habite une petite ville de Nouvelle-Angleterre... Je suis donc difficile à joindre, particulièrement quand je suis en période intensive de production – quand je tisse ma toile, si vous voulez. J'ai alors l'habitude de louer une maison isolée et connue de moi seul, où je peux écrire à mon aise sans craindre les intrusions des journalistes ou des disciples de Satan. Il m'arrive d'y passer des mois entiers complètement coupé du monde, et je m'en porte très bien. Je n'ai pas de radio, pas de télévision, pas de téléphone... Si je vous raconte tout ça, madame, c'est simplement pour vous expliquer pourquoi j'ai mis tant de temps à réagir. Si j'avais dépouillé moi-même mon courrier et si j'avais lu la lettre que m'a fait parvenir l'Union des écrivains, j'aurais sûrement écrit le jour même au directeur de l'école de Steve pour lui expliquer la différence entre la fiction et la réalité. Heureusement que Clément a fait des pieds et des mains pour me trouver ! Quand il y est enfin parvenu et qu'il m'a expliqué ce que risquait de subir son élève, j'ai aussitôt décidé de réagir. Je ne peux pas croire qu'un directeur d'école ait été assez obtus pour renvoyer de son établissement un jeune homme dont le seul crime est d'avoir écrit un texte par ailleurs fort amusant. Ce personnage de Jimmy est très prometteur, et je n'aurais pas été mécontent de l'avoir moi-même inventé. Bref, je suis venu intercéder en faveur de Steve, en espérant qu'il ne soit pas trop tard... Je n'ai pas à vous dire quoi faire, madame la juge, mais je voudrais simplement conclure en précisant que si vous enfermez Steve, il faudrait aussi m'enfermer, ainsi que la majorité des romanciers, des scénaristes et même des poètes, que personne ne lit mais qui sont tout aussi fêlés, croyez-moi sur parole. S'il avait fallu enfermer tous les auteurs de romans d'horreur, madame la juge, on aurait emprisonné la plupart des grands classiques américains, en commençant par Herman Melville et Nathaniel Hawthorne, sans même parler d'Edgar Poe, et bon nombre d'auteurs français, de Guy de Maupassant à Théophile Gautier… On devrait même enfermer l'auteur de la Bible, si jamais on réussissait à le trouver. Pensez à Job, à Daniel, à Loth… Faut-il vraiment que je continue, madame ?

— Je… vous avez sans doute raison, M. Gravestone, je veux dire Prince, ou plutôt Vinet… Quoi qu'il en soit, je crois que Steve a déjà payé le prix de ses erreurs, pour autant qu'il en ait commis… Tu feras quand même attention aux noms que tu choisis pour tes personnages, Steve… Je décrète donc le non-lieu, et l'affaire est réglée.

▲▼▲

Je n'ai revu Steve Prince qu'une fois. C'était dans le stationnement du tribunal, où il s'engouffrait dans sa BMW après avoir signé un autographe pour la juge. Il m'a salué d'un geste discret de la main, puis il a disparu dans la circulation. C'était un petit geste de la main, le plus banal des saluts, mais je ne l'ai jamais oublié. Il m'arrive même de penser que si c'était à refaire, je passerais volontiers trois mois au centre de détention rien que pour recevoir cette salutation.

▲ ▼ ▲

Maître Auger a envoyé une facture à mon père. Une longue facture détaillée, dans laquelle il était question de nombreuses heures passées à faire des recherches…

Mon père lui a posté un chèque accompagné d'un généreux pourboire et d'une lettre de remerciements, mais il s'est malheureusement trompé d'adresse. Dommage.

▲ ▼ ▲

M. Patenaude a demandé une promotion, et il l'a obtenue. On m'a dit qu'il travaillait maintenant au ministère de l'Éducation.

▲▼▲

Je n'ai jamais eu de nouvelles de Biceps, de Barbelé, de Bleu, de Baseball ou de Bébé. Je leur ai envoyé une carte postale de Pamela Anderson, mais ils ne m'ont jamais répondu. Les gardiens ont sans doute intercepté la carte. J'espère au moins que mes amis ont reçu le bidon de ketchup que je leur ai fait livrer. Bonne chance, les gars.

▲▼▲

Quant à moi, je m'appelle encore et toujours Steve Charbonneau et je n'ai pas de frère jumeau, ni de BMW, ni d'île secrète où je peux me retirer pour tisser mes toiles, mais ça ne m'empêchera pas de vous donner de mes nouvelles – ou de mes romans – quel que soit mon pseudonyme…

Chapitre 15

Voici venu le moment de mettre les pendules à l'heure. Je m'appelle Steve Charbonneau, j'ai seize ans, et je suis en 5e secondaire dans une école des Basses Laurentides, c'est vrai, tout comme il est vrai que mes parents exploitent un verger. Mon frère est mort l'année dernière, tué par un chauffard tellement imbibé d'alcool qu'il ne s'est même pas rendu compte qu'il avait heurté mortellement un cycliste. Quand Nelson est allé le cueillir chez lui, le lendemain, il n'était pas encore dégrisé. Tout cela est vrai, et c'est pour m'aider à faire mon deuil que je me suis installé un bureau dans un coin de la remise de mon père, sous les pommiers, et que j'ai essayé de lâcher la bride à mon imagination et d'écrire ce genre d'histoires que mon frère aimait tant.

M. Vinet a été le premier à m'encourager dans mon entreprise. M. Vinet est un excellent professeur, mais je tiens à dire que je n'ai jamais mis les pieds chez lui – je ne sais même pas où il habite – et qu'il n'a pas de frère jumeau, ou alors il l'a très bien caché. Steve Prince est une pure invention de ma part, et Stephen King m'a évidemment servi de modèle.

J'aime bien lire les nouvelles de Stephen King. Certaines sont excellentes, d'autres moins, mais ce qui est toujours passionnant, ce sont les commentaires qu'il fait avant chacun de ses textes, ou parfois après, et dans lesquels il raconte comment il a eu l'idée de son histoire, et comment il a procédé pour l'écrire. Pour moi, qui aspire à devenir un inventeur d'histoires professionnel – tant qu'à rêver, pourquoi ne pas rêver grand ? –, ces commentaires valent de l'or.

Frankie existe, lui aussi, et il est psychologue à mon école. Comme il a souvent eu affaire à de jeunes délinquants, je lui ai posé quelques questions à propos de la pédopsychiatrie et de la vie dans des centres de détention. Ses réponses m'ont été très utiles. Comme je ne voulais pas lui donner le rôle de mon pédopsychiatre tordu, je l'ai transformé en animateur sympathique, et j'en profite pour le remercier encore une fois.

Venons-en maintenant à des considérations plus délicates. Le directeur de mon école s'appelle M. Pagé, et le seul défaut que je lui connaisse est de faire des discours interminables au début de chaque année. Le personnage de M. Patenaude est donc purement fictif, de même d'ailleurs que ceux du docteur Poirier et de la juge. J'espère sincèrement que de tels personnages n'existent que dans les romans, ou du moins qu'ils ne travaillent pas avec des jeunes. Me Auger est évidemment une caricature, et j'ose espérer que le barreau radierait sur-le-champ un avocat aussi minable.

Biceps, Bleu, Barbelé, Baseball et Bébé n'ont jamais existé ailleurs que dans mon imagination, ce qui n'empêche pas que j'ai eu beaucoup de plaisir à faire leur connaissance. Je n'ai pas inventé cette histoire de ketchup, soit dit en passant. J'ai vu un reportage à ce sujet, un jour, à la télévision. Cela se passait dans une prison de Colombie-Britannique, où les prisonniers s'étaient livrés à des débordements sanglants après avoir bu de l'alcool fabriqué à partir de ketchup. Si jamais on vous en offre, je vous suggère de refuser : il paraît que ça gèle en ostie, comme dirait Biceps, mais il semble que ça libère aussi certains instincts meurtriers, ce genre d'instincts auxquels, dans un monde idéal, on ne devrait donner libre cours que dans l'univers de la fiction.

J'ai donc écrit cette histoire en mêlant la réalité et la fiction, comme on le fait toujours, selon un dosage chaque fois différent. Mais cette histoire n'en demeure pas moins vraie, et c'est en cela qu'elle est une véritable histoire d'horreur.

Je me souviens encore du jour où M. Vinet nous a distribué des photocopies d'un article de journal dans lequel on racontait l'histoire d'un jeune homme de mon âge qui a été renvoyé de son école pour avoir écrit un texte violent. C'était pourtant un texte de fiction, rédigé pour un cours de français, et pour lequel le professeur n'avait donné qu'une seule contrainte : vous racontez un rêve, n'importe lequel…

Le rêve de cet élève, c'était qu'il avait mis le feu à son école. Existe-t-il quelqu'un sur terre qui n'ait jamais fait un rêve semblable ? C'est pourtant pour avoir écrit un texte violent que cet élève a été suspendu. « Est-il justifié de mettre un jeune à la porte de son école parce qu'il a écrit un texte de *fiction*? » nous a demandé M. Vinet, et nous avons eu une discussion passionnante à propos de la censure, de l'hypocrisie et de ce qu'on a le droit d'écrire et de lire.

La semaine suivante, Yan (il existe pour de vrai, oui) nous est arrivé avec une histoire encore plus extraordinaire : il avait entendu dire qu'une mésaventure semblable s'était produite dans la région de Toronto, où les autorités avaient *emprisonné* un jeune homme de seize ans sous prétexte qu'il avait écrit une histoire violente. D'après Yan, l'Union des écrivains de l'Ontario avait protesté auprès de la direction de l'école, de même que Stephen King en personne, qui avait pris la peine d'écrire au directeur pour lui expliquer la différence entre la réalité et la fiction…

Cette histoire m'a obsédé pendant des jours et des jours : pas moyen de rouler en vélo sans imaginer que cette histoire abracadabrante aurait pu m'arriver à moi, Steve Charbonneau… J'y pensais tellement que j'étais devenu un cycliste imprudent et que j'étais dans la lune pendant les trois quarts de mes cours de mathématiques – mais ça, il faut dire que ce n'est pas nouveau…

C'est ainsi que j'ai décidé d'écrire cette *histoire d'horreur au cube*, et j'ai eu beaucoup de plaisir à le faire. La scène où Steve Prince m'adresse un signe de la main m'a particulièrement réjoui, même si je sais que ça n'arrivera jamais.

Une autre scène m'a beaucoup réjoui, et je pense que vous devinez tout de suite à laquelle je fais allusion.

Roxanne existe bel et bien, oui. Elle travaille souvent comme bénévole à la bibliothèque de mon école, particulièrement pendant les cours d'éducation physique, qu'elle ne peut pas suivre à cause de cet appareil de torture dans lequel sa jambe est emprisonnée. C'est là que je l'ai rencontrée, et elle est depuis devenue ma lectrice, ma complice, mon amie. Je lui fais lire mes chapitres à mesure que je les écris, sauf exception. Pour un certain passage du chapitre 13, je lui ai demandé la permission *avant* de l'écrire, et elle n'a pas protesté. Je lui ai ensuite montré le produit fini, et elle a rougi. C'est plutôt bon signe, vous ne trouvez pas ?

Remerciements

Je voudrais remercier particulièrement Anne-Marie Villeneuve, qui m'a donné l'idée de cette histoire. Merci aussi à Nelson Landry, qui m'a montré (fictivement) à utiliser un Smith & Wesson, et à Frankie Bernèche, dont les talents de psychologue-conseil n'ont rien de fictif.

Merci aussi à tous ceux, et ils sont malheureusement nombreux, qui ont vécu des mésaventures semblables à celle de Steve. Tout ce que je peux leur souhaiter, c'est d'avoir été aussi bien entourés que mon personnage.

Du même auteur chez d'autres éditeurs

Jeunesse

Corneilles, Boréal, 1989.

Zamboni, Boréal, 1989.

- PRIX M. CHRISTIE

Deux heures et demie avant Jasmine, Boréal, 1991.

- PRIX DU GOUVERNEUR GÉNÉRAL

David et le Fantôme, Dominique et compagnie, 2000.

- PRIX M. CHRISTIE
- Liste d'honneur IBBY

David et les monstres de la forêt, Dominique et compagnie, 2001.

David et le précipice, Dominique et compagnie, 2001.

David et la maison de la sorcière, Dominique et compagnie, 2002.

David et l'orage, Dominique et compagnie, 2003.

David et les crabes noirs, Dominique et compagnie, 2004.

Albums

L'été de la moustache, Les 400 coups, 2000.

Madame Misère, Les 400 coups, 2000.

Tocson, Dominique et compagnie, 2003.

Adultes

La Note de passage, Boréal, 1985. B.Q., 1993.

Benito, Boréal, 1987. Boréal compact, 1995.

L'Effet Summerhill, Boréal, 1988.

Bonheur fou, Boréal, 1990.

AGMV Marquis

MEMBRE DE SCABRINI MEDIA

Québec, Canada
2004